赵雪峰 著

赵雪峰说文

北方文艺出版社

图书在版编目（**CIP**）数据

赵雪峰说文 / 赵雪峰著. -- 哈尔滨 : 北方文艺出版社, 2020.11

ISBN 978-7-5317-4753-6

Ⅰ. ①赵… Ⅱ. ①赵… Ⅲ. ①中华文化－通俗读物 Ⅳ. ① K203-49

中国版本图书馆 CIP 数据核字 (2020) 第 208899 号

赵 雪 峰 说 文

ZHAO XUEFENG SHUO WEN

作　者 / 赵雪峰

责任编辑 / 富翔强　暴磊

装帧设计 / 树上微出版

出版发行 / 北方文艺出版社

邮　编 /150008

发行电话 /(0451)86825533

经　销 / 新华书店

地　址 / 哈尔滨市南岗区宣庆小区 1 号楼

网　址 /www.bfwy.com

印　刷 / 武汉市金港彩印有限公司

开　本 /880×1230　1/32

字　数 /192 千

印　张 /10

版　次 /2020 年 11 月第 1 版

印　次 /2020 年 11 月第 1 次印刷

书　号 /ISBN 978-7-5317-4753-6

定　价 /68.00 元

目 录

CONTENTS

九州意境

赵说古今

一、历史篇

二、生活篇

三、军事篇

四、自然篇

五、民俗篇

九州意境

1. 沙家浜游记

春节南下，路过沙家浜，不由得驻足前往。20 世纪 30 年代开始到 1949 年，沙家浜就是抗敌前线，涌现出许多可歌可泣的故事。新中国成立后上演的现代京剧《沙家浜》更是使沙家浜一夜成名。进入 21 世纪，沙家浜成为集爱国主义教育基地、大闸蟹美食基地、休闲观光旅游基地和影视文化基地为一体的大型旅游场所。

看过一些沙家浜的游记，从别人口中也了解一些沙家浜的游乐项目。但所读游记大多数都是肤浅之作，多了空谈，少了旅游杂记和游记的文学内涵。故决定另辟蹊径，写一点真正的游记。

我快速穿过了教育基地，来到了红石村。映入眼帘的是石牌坊。牌坊上“天开波镜”的横额，勾勒出这两个功能区以水为主的特点。红石村集江南水乡特色建筑之大成，再现抗日战争时期江南水乡小村风貌，建筑依水而建，前是宽阔水面，渔翁垂钓，苇叶青青，一派水乡恬静风光；后是新篁、荷塘、小溪，一片农家景象。村内设有沙家浜史料馆、老人与船——古船馆、水乡农具馆，酣畅淋漓地再现了沙家浜的民俗风情。京剧《沙家浜》中的“春来茶馆”也坐落其间，让人想起了剧中的那段唱词：“垒起七星灶，铜壶煮三江；摆开八仙桌，招待十六方”。倚窗落座，边品茗边欣赏戏台上表演的京剧《沙家浜》片段和舞龙、舞狮等民俗风情节目，另有一番情趣。与之毗邻的是水生植物观赏区，水榭、栈桥把游客引向水生植物丛中流连忘返。碧波之上，万绿丛中，垂钓俱乐部“双莲轩”静卧其间，远是芦苇，近是粉莲，怡然品茗，悠然垂钓，赏心悦目，心旷神怡。

再往前走，是隐湖长廊。漫游长廊，移步换景。湖光水色，时隐时现。莲花残叶，败柳杂絮。水上茶庄，湖中游船，尽收眼底。鱼翔浅底，鹰击长空。好一派“垂杨环水水环村，短棹无声客到门”的江南水乡风光。

来到沙家浜，游芦苇荡。最好的方式就是乘船游玩。如果能在一个小雨潇潇、雾气蒙蒙的早晨，几人相伴登上船娘的客船，就能尽览芦苇荡风光。一开船，船娘就开口哼起《沙家浜》京剧中的小曲，立刻将我们带入了那富有传奇色彩的梦境之中。进入了历史的怀抱。沙家浜的船娘有别于其他地方的船娘，妩媚中透着一股英气，质朴而端庄。这就是沙家浜特有的英雄情结。船娘的船调，曲曲悠扬。偶尔停桨，令小船随意漂流，微闭双目，可以体会一下人在画中游的境界。船娘是沙家浜文化中不可替代的风景，透出一种明媚和浪漫，给沙家浜的革命历史抹上了一种淡淡的蔷薇色。

曲径通幽，转眼又看到一桥飞架南北，名曰“卧波桥”。桥长 98 米，如游龙卧波，逶迤秀丽。五亭成桥，状如莲花怒放，桥洞呈拱形，水中倒影成环，五环相连，更显长桥多姿。听说在中秋之夜，此处可呈现五亭五洞五月，竞相争辉，美不胜收。

老天多眷顾我，本是预报中雨，这时却风和气爽，妙哉美哉。

2. 水乡周庄游记

今天来到江南六大水乡之一的周庄。周庄虽然历史悠久，但真正出名还是因为大导演张艺谋拍摄电影《摇啊摇，摇到外婆桥》，在此处取景。电影的推波助澜，使广大国人近年来蜂拥而至。本来一个恬静的水乡瞬时变成了商业味极浓的人头攒动的景点。本着游记的初心，我还是返璞归真吧。

周庄，一个江南小镇，素有水乡之称。据史书记载，北宋元祐年间，周迪功将庄田 200 亩（约 13 公顷）捐赠给全福寺作为庙产，百姓感其恩德，将这片田地命名为“周庄”。1127 年，金二十相公跟随宋高宗南渡迁居于此，人烟逐渐稠密。

我一般到一个地方，先查看有无名人故居，有则必先前往。周庄有江南富豪沈万三的故居，一路我来到沈厅。沈厅由沈万三后裔沈本仁于清乾隆七年（1742 年）所建。七进五门楼，大小 100 多间房屋，分布在 100 米长的中轴线两侧，占地 2000 多平方米。沈厅由三部分组成。前部是水墙门、河埠，供家人停靠船只、洗涤衣物之用；中部是墙门楼、茶厅、正厅，为接送宾客，办理婚丧大事及议事之处；后部是大堂楼、小堂楼、后厅屋，为生活起居之所。整个厅堂是典型的“前厅后堂”的建筑格局。前后屋之间均由过街楼和过道阁所连接，形成庞大的走马楼。正厅堂是“松茂堂”，占地 170 平方米。朝正堂的砖雕门楼，是五个门楼中最雄伟的一个，高达 6 米，正中匾额“积厚流光”，四周为“红梅迎春”浮雕，所雕人物、走兽及亭台楼阁、戏文故事等，栩栩如生，可与苏州网师园中的砖雕门楼媲美。后有大小堂楼，建筑风格与正厅迥异，经修缮的沈厅，被列为江苏省重点文物保护单位。

很多人来此都是冲着沈万三的名号来的，因为沈万三的富翁身份，足见现在的人世俗之念浓厚。所以距离沈厅不远的张厅虽然也是名门望族的宅院，院落也大气，但名气却远远不如沈厅了。我是带着对前人的敬仰和探寻而去的。

张厅原名怡顺堂，建于明代，清初转让张姓人家，改为玉燕堂，俗称张厅。 张厅前后七进，房屋 70 余间，占地 1800 多平方米，雕梁画栋。厅旁箬泾河穿屋而过。作为殷富人家的宅第，张厅历经五百多年沧桑，但气派依旧。墙上悬挂着字画，一副对联的上联是“轿从门前进”，下联是“船自家中过”，对联十分贴切地写出了张厅的建筑特色。

“蚬江渔唱”是我很喜欢的地方。白蚬江长十余里，横亘于周庄镇西侧，因江中盛产白蚬而得名。每当下午，渔船满载而归，在江畔抛锚泊船，晾网卖鱼，平静的港湾立即沸腾起来。傍晚时分，船头上三五成群的渔民，纷纷饮酒作乐。待明月初升，酒兴正酣，有人先扣弦高歌，于是此起彼伏，互相应答，古老的渔歌在江面上传得很远。它的旁边，就是古筝馆，耳畔传来的是高山流水的天籁之音。在绿蔓垂地的庭院中，举杯邀明月，对影成三人。左手边的院落是摄影沙龙，门面虽不大，庭院和厅堂给人以安静、放松的感觉。书柜里的书册和挂在墙上的摄影作品为人们讲述着一个又一个向往的旅程。

我觉得周庄就像一个立体的电台，它多方位多角度地诠释着周庄的理念。

夜色来临，彩灯齐放，这时候要是花上120元钱，租一叶木舟，听着船家吴侬软语版的情歌，不仅周围的美景尽收眼底，自己也融入渔歌唱晚之中。小舟就像精致优雅、轻盈的红蜻蜓。在霓虹灯的陪伴下又变成嬉戏游玩的鱼儿。

这里有特色的酒店是“莼鲈之思”假日酒店，富丽堂皇，是中式建筑风格的精品。在西晋时期，本地的文学家、书法家张翰由于不满朝廷的作为，以想念家乡的莼菜和鲈鱼为借口，退出了政治圈。故后人以成语莼鲈之思来比喻怀念故乡的心情。这个酒店的名字兼有文化和历史的内涵。

到了水乡，徜徉于古镇小巷，袅袅的香味总能吸引我的注意，一道道小吃在舌边徘徊。不吃当地一些特色小吃，有些对不住自己的胃。当地讲喝“万三酒”，吃“万三蹄”。九百年传统水乡酿造酒的工艺，手作古法，酒体醇厚，品质独特，回味绵长。猪蹄更是肥大油亮，我不吃猪肉，只好作罢。

明日再回上海，等着我的是外滩夜景和城隍庙的佳肴。

3. 豫园游记

我记忆中的豫园，是来自我少年时看的舞剧《小刀会》。清朝中期的小刀会组织就是在豫园成立了指挥部，地点就在豫园里的点春堂。从那时起，我就对豫园有了憧憬，由于工作关系时常查阅史料，对豫园有了较深的认识。在外人看来，豫园不过是一家私家园林而已。在我看来，豫园集人文、历史、美学、建筑学、园林学、伦理道德学及时事政治于一身。

从容漫步豫园，园内楼阁参差，山石峥嵘，水光潋滟。不愧有“奇秀甲江南”之称。我记忆中好像豫园始建于明嘉靖年间，原系潘氏私园。距今已有四百余年历史。它原是明朝时期的一座私人花园，占地三十余亩，园内有三穗堂、大假山、铁狮子、快楼、得月楼、玉玲珑、积玉水廊、听涛阁、涵碧楼、内园静观大厅、古戏台等亭台楼阁以及假山、池塘等四十余处古代建筑，设计精巧、布局细腻，以清幽秀丽、玲珑剔透见长，具有小中见大的特点，体现了明代江南园林建筑艺术的风格，是江南古典园林中的一颗明珠。

园主潘允端考中举人后，为了感谢父母的培养，特盖此院落，“豫”字有平安、泰和，取悦双亲之意。故名豫园。全园布满亭台楼阁，曲径游廊相绕，奇峰异石兀立，池沼溪流与花树古木相掩映，规模恢宏，景色旖旎。我爱好瓷片、雕刻之类的，特别喜欢在园林中寻找散布于各个角落的这些常人不喜欢的东西。我看到豫园的许多砖雕、石雕、泥塑、木刻，不仅历史悠久，而且十分精致。《神仙图》《八仙过海》《广寒宫》《郭子仪上寿图》《梅妻鹤子》《上京赶考》等极具文学价值和考古价值。

我最喜欢的是卷雨楼。它位于三穗堂之后，与大假山隔池相望。清同治五年（1866 年）建。底层称仰山堂，上层为卷雨楼。仰山堂共 5 楹，后有回廊，曲槛临池，可小憩。望大假山景，池中倒影可鉴。堂中有“此地有崇山峻岭”匾，道出这里是观赏大假山景色的绝佳处，卷雨楼为曲折楼台，取唐诗“珠帘暮卷西山雨”之意，雨中登楼，烟雾迷蒙，山光隐约，犹如身入雨山水谷之中，为豫园绝景。

大假山由明代江南叠石名家张南阳设计建造，高约 4 丈，用数千吨武康黄石堆砌。假山峰峦起伏，磴道纡曲，涧壑深邃，清泉若注。山上花木葱茏，山下环抱一泓池水。游人登临，颇有置身山岭之趣。清末名人王韬曾描绘：“奇峰攒峙，重峦错叠，为西园胜观。其上绣以莹瓦，平坦如砥；左右磴道，行折盘旋曲赴，或石壁峭空，或石池下注，偶有洞口含岈，偶有坡陀突兀，陟其巅视及数里之外。循径而下又转一境，则垂柳千丝，平池十顷，横通略约，斜露亭台，取景清幽，恍似别有一天。于此觉城市而有山林之趣，尘障为之一空。”四百多年中，豫园景物时废时兴，而大假山仍保持旧观。大假山上有二亭，一在山麓，名“挹秀亭”，意为登此可挹园内秀丽景色；一在山巅，称“望江亭”，意为立此亭中“视黄浦吴淞皆在足下。而风帆云树，则远及于数十里之外”。昔重阳节时，游人来此登高望远，浦江帆樯，历历在目。

都说英雄护花，我不苟同。我爱花不娇花，所以我也不知道自己算不算半个英雄。穿梭在鱼乐榭前，我看到一株已度过三百多个春秋的紫藤，老枝虬干，生机勃发。正是初春时节，枝条上绽满白色的小花。朵朵白色璎珞满架，深受游客喜爱。这种植物在亭、台、楼、阁、厅、堂、廊、榭的周围栽植。园中植物我认识的有银杏、女贞、广玉兰、白玉兰、紫薇、黄杨、白皮松、罗汉松、桂花、茶花、茶梅、香樟、紫藤等。充分体现了明清园林的设计风格。

一时脑子短路，走错了路，又折返回鱼乐榭。像是天意，又叫我从另一个角度徜徉于复廊。似云端跨于溪流之上，感觉此桥傍山临水，凭栏可观赏水中游鱼。溪上筑一垛隔水花墙，墙上有漏窗，墙下有半洞门，水从洞门流去。这里运用了园林中延伸空间的巧妙手法，游人至此，有不知何处是尽头之意。

人逐渐多了起来，我怕破坏了我的美思佳情，快步出园。

又是一天！

4. 夜上海

春风夜放霓无数，气如虹，灯如雨。靓男俊女香铺路。莺声漫动，情回梦转。一夜龙凤舞！

偎人欲语眉先皱。红玉困春酒。华灯微透。

东方清露滴芙蓉。明珠误赏舒妆靓。银花绛树开千丈，佛火神灯照百轮。

滩涂风芳艳，人花赛早年。缛彩叠分奇，霓光似缀天。接虹疑星落，伴楼赛月悬。更有千金笑，辉映九枝乾。

初春，再次下榻上海，这个繁荣与开放的城市，是我光荣与梦想的地方。此次看到上海新的变化，感觉到上海张扬着国际大都市的博大情怀！21世纪的大上海已然成为中国城市现代化、国际化、时尚化的标本。夜，和煦的风在脸颊上吻过，漫步外滩，不由得举起相机……

来到我钟爱的和平饭店，大堂依旧是那个大堂。耳畔又想起李香兰的《夜上海》：夜上海，夜上海，你是个不夜城，华灯起，车声响，歌舞升平。只见她，笑脸迎，谁知她内心苦闷。夜生活，都为了，衣食住行。酒不醉人人自醉，胡天胡地蹉跎了青春。月色朦胧，倦眼惺忪。大家归去，心灵随着转动的车轮。换一换，新天地，别有一个新环境。

5. 探秘水长城

京北，山峦起伏，在这早已不寂寞的巍巍群山之巅，存在着一条蜿蜒起伏记载着华夏文明的“巨龙”——长城。

现在的长城淡然隐去了鼓角争鸣的战火，远离了孟姜女的哀怨。听不到呜呜低吟的号角，看不到戍边将士怅惘的目光。如今的长城是民族的骄傲，象征着生命的不息，和保卫家园的勇气。长城厚重的历史和岁月沧桑的风韵都是它最本质的傲骨。我们早就认可了它所承载的一种民族精神，一种崇高的信仰。京北的水长城较之八达岭长城少了险峻，多了少女般的阴柔。京北的水长城较之慕田峪长城少了华丽缥缈，多了北门锁钥的内涵，多了平心静气。

水长城的特殊在于“二绝”。一绝是山下的大湖自然地把长城一分为二，出现了城头探海之势。有了“长城戏湖水”“水没古城垣”的特色。二绝是有一处好大的明代板栗园。这里的板栗树盘根错节，不少树龄在几百年，树围在80厘米以上。树的外形有的飘逸，有的骨感，有的似巨龙戏珠，有的像有凤来仪。虽然是初春，枝叶未出，也足以令我惊讶咂舌了。水长城的杨总和吕总听闻我夫妇前去，早早恭候在城门口，瑟瑟山风，挡不住水长城人的热情和厚意。在这山清水秀中，掩映的是轻灵秀美的明长城，彰显的是水长城人的与人为善、待客之道。可谓山美水美人更美。引步探幽之时也是人景合一，水、天、城、人高度和谐！

这里远离了城市的喧嚣，躲避了职场的钩心斗角，回归了大自然的怀抱。不愧为传说中的“山间碧玉，水中长城”。资料中称“城抱碧波涟，水没古城垣。城水相呼应，壮美自悠然。”我在吕经理的陪同下，细细品味着这诗一般的评语。一路上脚下探寻的是明长城的遗迹，眼见的是湖水清澈见底，据说这里的水质一流，清冽得可以直接饮用。湖水不规则地流淌在群山之间，犹如明珠点缀峡谷。可能是早春的微寒，鸟鸣较少，否则真的是鸟语花香般的仙境了。不知不觉，我爬到了城头探水的位置，悄然想起了“十指芊芊玉笋红，雁行轻遏翠弦中。分明似说长城苦，水咽云寒一夜风”的诗句。更有诗兴涌来：“秦筑长城比铁牢，蕃戎不敢过临洮。虽然万里连云际，争及尧阶三尺高”。这不就是水长城的真实写照吗？

跨小溪，走栈道，我又移步到了水长城另一大特色之地——板栗园。好大一片地啊！沧桑写在每一棵树上，说它们是娥娥博冠一点不为过。有诗云：“古栗苍苍满坡生，历经风云仍从容。不吝献出丰硕果，颗粒饱满誉京城。”

置身水长城，放眼望去，山桃花遍野，这是万物复苏的开始。一片片，一排排，一簇簇，这是生命的不息。娇姿媚影恋春波，盈盈碧水映桃花。人在城上走，影在水中行。好多盛开的桃花在游人的相机里成了永恒。水长城在这湖水和明艳的桃花丛中，更显娇羞。

春天里的水长城，夏日的水长城，秋之水长城，冬雪水长城，各有各的不同。可谓：人在画中游，不知春夏秋冬。

6．屯溪老街游记

安徽名山多，老街也多。到了黄山屯溪，必定要去看看屯溪老街。

屯溪是黄山的南大门，老街更是屯溪的一颗灿烂的明珠。屯溪历史悠久，人文荟萃，景色秀丽，是一座古朴幽雅近似山庄的古镇。相传三国时，吴国威武中郎将贺齐，为了征伐当地少数民族“山越”，曾屯兵溪上而得名。《二十四史》中记载宋徽宗移都临安之后，带动了与浙江接壤的老徽州（安徽）的发展。外出的徽商回故乡后，均模仿宋城的建筑风格而大兴土木，所以屯溪老街又被称为“宋城”。

打车来到老街，首先映入眼帘的是一座古朴高大、飞檐翘角、华彩照人的石砌牌坊。此牌坊构筑精致、庄严宏伟，两尊石狮蹲坐两边。牌坊横额上书“老街”二字。街道狭窄而幽深，地铺红褐色麻石板，纹理清晰，洁净如画。街道两旁朱阁重檐，店铺鳞次栉比，错落有致，多为三层或两层砖木结构。白墙黛瓦，窗棂门楣砖雕木刻，精巧玲珑。花纹图案镂刻精美，匠心独运。屋与屋之间全为高高的马头墙，青瓦覆盖在双坡屋顶，保留着明清时代的街市风情，一种别具徽州风情的建筑风貌。店面门楣上布满徽派木雕，个中人物栩栩如生，楼房临街一侧的墙壁上有各种花窗，十分典雅；两边店铺宽敞明亮，茶铺林立，酒幡飘拂，书画墨庄，文房四宝，各类作坊坐落其间，多数店铺保留了“前店后坊”或“前铺后户”的格局。店铺招牌匾额，黑漆鎏金，古色古香，门楣上大都悬挂着八角玲珑挂灯或大红宫灯，充满古风神韵。我用新奇的眼光欣赏着老街的独特风情，领略着十五世纪中国街市的遗风余韵。有人称屯溪老街是一幅活动着的《清明上河图》和“东方的古罗马”一点也不过分。

我们徜徉在繁华的老街，像进入一条中国传统文化的艺术长廊，目不暇接地浏览着老街的徽州风情，出入茶楼、酒肆、书场、墨庄。品尝着徽州香茶，观赏着“徽墨”“歙砚”及各种流派的版画、碑帖、金石、树雕和有名的徽州砖雕、木雕、石雕、竹雕……

由于还要赶路，没有太多停留。雨后的太阳辉映在老街的层楼瓦屋之上，老街又以它新的姿容，展示着自己独特的魅力。我感悟着徽州老街的过去、现在，预感着它更加美丽的未来……

忽然记起了明代大戏剧家汤显祖“一生痴绝处，无梦到徽州”的诗句。谁言无梦，今晚我必是一帘幽梦，踏浪而行，沿着安徽各县市去追寻无数徽商寻梦的足迹！

7. 呈坎八卦村一游

开车转过无数的弯缓缓停下。一幅巨大的山水田园画卷赫然呈现在天地间，如水墨丹青般的村落缥缈在烟雨里，青山环绕，山峰间云雾缭绕，仙气丛生。这就是我寻觅了几十年的“呈坎”？太阳很毒，头顶被晒得通红。但是白云生处的呈坎，仙风道骨，不望红尘。

走入呈坎，立时入画，我唯恐这画墨迹未干，要在这烈日炎炎中化开。我急步前行，几十年国学的熏染，我自觉地先抬左脚，跨过两侧神兽守护的进村石槛，去追寻这个古村落千年的风韵。呈坎，又叫呈坎八卦村，传说是三国著名政治家诸葛亮的后人修建，但我一直对历史是批判性地对待，查看了资料。更权威的文献记载多是三国时期的孙权派人筑建。全村以八卦阵设局布屋，体现古人对风水的讲究和推崇。

小村是如此的古老，古老得每踏一步就仿佛听见历史在吱嘎作响。古老的村镇还有人居住。如今的米槽里空空如也，可是那经历风霜的岁月，却在无声地诉说昔日的繁忙，若干年前这村前的小河必是一片繁忙的景象，水车整天吱嘎不停，舂米的、淘米的、洗衣的，热闹非凡。

我深深知道村虽小，却是一个八卦迷阵，一不小心迷路了，就会半天走不出来。踏着青石板路，看着高大的白墙下面就是宽不过 10 厘米的水槽，水槽里的水是循环于整个村子的，早上用于做饭，午后用于洗衣，晚上用于浇灌。村落有军事防御功能，每个小巷都不宽，每隔十米左右，水槽边就有一横条石，这叫“谦让石”。谦让石比其他的青石板长一点，横卧在贯通全村的窄窄的排水沟上，仅供一人站立，功能就是为了让行，透过一块块谦让石，谦和礼让的古风穿越历史扑面而来，生动而鲜明。

很多游客是冲着神秘八卦来的，但现在的呈坎完全被开发者毁坏。我敢断言，如果当地旅游业还不回归传统的旅游，此村将无人问津，失去价值。现在的游客辛苦而来，面对的小导游，都是本村的文化不高的留守人员，口中的导游词全是背诵的。当我问及八卦文化时，完全解答不出！引领的路线笼罩在商业作坊群内，全是叫卖声。而当年八卦的地形完全没有开发。如：村中的生门在哪里？死门在哪里？户户相连的开门和惊门怎么体现的？水槽内的水流怎么和太极的阴阳互补？周边的山峦和村落对应的是什么？

只好带着人文理念走一遭了。人的理念一转变，思维顿时开阔。最吸引人的是位于村头的罗东舒祠（第三进为宝纶阁），占地五亩，规模宏大，崇阁巍峨、气势非凡。第一进是棂星门。棂星门前六根石柱排成一字型，其上的六根短柱上六只朝天犼石雕高高耸立，极其庄严。跨进棂星门便是八丈见方的天井，天井之下，两庑对称，左梅右桃，四面围有石龙浮雕的石栏，石栏上的神兽神态各异。第二进大厅，全由清一色的方砖铺地，宽敞宏大。六根石柱巍然耸立，石柱后面是二十四根圆木大柱，其中四根大柱一人难以合抱。抬头仰望，檀梁重叠，纵横交错，正中冬瓜梁粗大庄重。大堂的正梁上悬挂着明代大书法家董其昌的亲笔手书“彝伦攸叙”四字巨匾。

大堂里进是寝殿，高出大堂五尺（1.67 米）有余，殿前是一道石刻浮雕栏杆，台阶栏柱上有石狮抱鼓石，图案笔触细腻，疏密有致。寝殿内纵横交错的是屋梁，雕刻装饰令人目不暇接，云朵、平盘斗、鲤鱼吐水、驼峰、脊兽龙吻、花卉等图案雕得玲珑剔透，布满月梁，天板上的工笔图造型优美，绚丽夺目，工艺精湛，虽经四百余年的风风雨雨，图像依然清晰，色彩艳丽，实为国内外罕见的彩绘品。

带着些许遗憾，又充满对传统文化的敬意，也算不虚此行。

8. 歙县女子贞节牌坊

安徽省歙县棠樾村的石牌坊群芳名远播。当我终于来到牌坊群下时，仿佛践约了一个古老的约会。据说歙县现存 80 多座牌坊，而有代表性的鲍家祠堂的 7 座牌坊集中反映了封建礼教内容：忠孝节义。棠樾村的棠樾两个字，从《辞海》中得知："棠"字主要有两解，一解为棠梨树，又名杜树，为高大乔木；二解为海棠树，为落叶小乔木。“樾”字是树荫的意思。“棠樾”的意思大约就是棠梨树或海棠树的荫凉之处了，想必当年这里一定是棠梨或海棠遍地，荫及村舍，故而该村由此得名。

面对这样的高大建筑，我要一幢幢地穿越，好好领略一这片深深沉沉的历史风景。周边绿稻碧菽、水光荷影掩映在这牌坊群里。这里最著名的是为七十多岁老母治病，口吮毒疮的孝子坊；有“立节完孤”的节孝坊；有“官不择位”的尚书坊；更有发了财的盐商，向清廷捐了千万金银，得来的“乐善好施坊”……

忠、孝、节、义，仿佛一座座沉重的大山：对君愚忠，便不能自主，使自己变成没有灵魂的躯壳；一味地行孝，便不能逆父，面对老祖宗的陈规旧律只好俯首帖耳；虚伪的仁义是豪富者们伪善的噱头；而所谓节烈，更是不幸女性们的炼狱。牌坊，从原先门洞式的纪念物，一变而成为封建卫道士和牺牲者的化身，又变为今天活生生的历史教科书，永远警示着后人：为了心灵天空的亮丽，为了人性的纯净，人们不再愚忠，不再愚孝，不再伪义，不再举起所谓贞烈的屠刀戕害女性，不再让社会倒退。曾听过不少有关古代贞女与烈女生动而悲凉的故事，戏曲小说中也描写了很多贞节牌坊的故事，而这类牌坊留存至今的也很多，因为在那个社会，树牌坊是彰德行，沐皇恩，流芳百世之举，甚至是女人们一生的最高追求。但很少有人去想，她们因什么而传奇？为什么她们的故事生动而悲凉？我只能在人们约定俗成的惯性思维之下而生发出感慨。站在那些不知经历了多少凄风苦雨依然昂首挺立的牌坊面前，我能感到的只是凄惶与不安，那些刻在牌坊上的名字就像一个个弱小而坚强的幽灵……

我斜依在一座牌坊的立柱上，手抚着凉沁沁的黑色大理石底座。这些牌坊建造得精巧豪华，从明朝到清朝，风风雨雨，鲍氏家族为道义奋斗了数百年。家族浮沉如波的兴衰史，就刻在这些石梁、立柱上。最终，这些用血泪铸成的家族荣耀，还是变成了历史遗迹。

9. 好个“情人谷”

黄山的翡翠谷，又称情人谷，有“寻觅千山万水，不及黄山一景”之说。峡谷十几里长，有形态各异，大大小小的翡翠彩池。老艺术大师刘海粟曾经赞美翡翠谷：没有到过黄山的人，不能称到过中国；未游过翡翠谷彩池者，不能称到过黄山。可见，黄山的美妙必从翡翠谷彩池中得见。我顺着石阶缓缓而行，便听到潺潺的水声，由远而近，时而轰鸣；时而悦耳。不由得疾步而行。忽然眼前一亮：仿佛山泉之水天上来。飞溅起朵朵浪花，在阳光的照射下，宛若颗颗晶莹的珍珠。这时的水道由窄变宽，水清见底。水中的石头由于流水的冲刷，圆润而光滑，有的大如磨盘，有的小如鹅卵。水不断地从上而下汇成潭。这里的水色居然呈翡翠绿，大概这就是它的名字由来吧。

据说原来此处没有人烟，是 36 个大学生探幽来到此处，怎么也走不出去了。他们互相帮助，共度危难，积极探索，终于发现了现在的小路。他们在生死患难中，找到了真爱。最后成就了 12 对新人！故此有一段时间这里的大名叫“情人谷”！这个浪漫的故事引我走到了一座情人桥旁，我依靠在情人桥的铁索上，摸索着桥上数不清的一串串一排排纤巧精致的同心锁，斑驳锈迹的锁，宛若一枚枚跳动着的音符，给空灵的山谷贴上了鲜活的标签。也许，所有的美好，都为荒芜；也许，所有的承诺，都为谎言，但是，我们没有任何理由不执着，没有任何理由去拒绝，因为，一切的一切，都在古老的宁静中，向你诉说一个个千古流传的爱情故事。此刻，我将心轻轻放纵，让自己在山里的宁静中慢慢领悟，享受远离喧嚣的恬静、惬意、安逸，聆听来自内心深处的那份呼唤。

影片《卧虎藏龙》里的“飞瀑踏波”“深潭寻剑”一系列的镜头都取于翡翠谷，池水千颜万色，或如玛瑙绿，夺人心魄；或如珍珠白，通透纯净，俯视远观，如同颗颗璀璨的翡翠散落谷中，流光溢彩。池水丰姿绰约，时而狂野，激情飞扬，时而妩媚，风情百变，别有一番风情绕心间，不愧为“人间瑶池仙境，天下第一丽水”。

我感悟到：真正的旅行不仅仅需要用眼去看，更应该用身体去感受。当这爱的音符伴随着泉水叮咚响的节奏，在我耳畔神游之际，我完成了最美的行程。微风在影影绰绰的阳光下拂面，带走了我的烦恼和疲劳。

10. 千岛湖游记

先知道了富春江，然后来了解新安江，顺其自然来到了千岛湖。大家都知道的农夫山泉就出自于此。其实千岛湖的主要源水就是新安江，来自徽州及黄山的支流汇水。千岛湖是在 1959 年水利建设当中发展起来的，虽然诞生的年代离我们很近，但是古老的徽州文化赋予了千岛湖别样的内涵。

放眼望去，浩渺万顷，千岛竞秀，群山叠翠，若隐若现间，千岛湖如碧玉翡翠，如一丸螺黛，更宛如一个亭亭玉立的少女，静卧于千岛秀峰之间。那其中一湖浩渺的蓝，与四周一片葱茏的绿融为一体，碧绿如黛、层层叠叠的小岛，似绿非绿，似蓝非蓝，真个有“春来江水绿如蓝”的感慨。

登上渡轮，凭栏远眺，湖水碧绿，清澈见底，四顾苍茫，水天一线，自此我的视线和思绪尽被千岛湖所覆盖了，由此生出许多奇思妙想来，是那翡翠做的岛屿把湖水染绿了，还是湖水把岛屿映蓝了，又联想到朱自清先生笔下的《绿》，那种绿是不是也如梅雨潭的绿那样犹如鸡蛋清那样软、那样嫩，宛如一块温润的碧玉，让你看不透它呢？至此我陶醉了。

游轮过处，船桨把湖面犁出一道长长的波纹，白色的浪花向两边飞溅开去，那微微泛起的水沫又融在那泛着雾霭的湖水中，随着荡起的阵阵涟漪向四周扩散开来，仿佛要把你的千般思绪和万种柔情都融入它那透亮、醇厚的湖水之中了。弃舟登岸，我还陶醉于千岛湖那峰峦叠嶂，水天一色，光与水交映出的脉脉柔情，仿佛依旧向人们倾诉那天人相感的湖光山色，和着悠然的静谧，看着天边的云舒云卷，任身前潮落潮涨，我似乎又忘却了尘世的喧嚣，梦醉于这一湖山水之间了。

这湖水啊，是迷了古人，醉了今人。千岛湖就像少女的明眸，在我眼前闪动，我很乐于沉醉在这梦幻般的意境里，回味她。

11. 黄山的松

来到了黄山，每移动一步，回眸看到的都是不同的景。相机在忙碌，真是拍不尽的黄山。黄山给我印象最深的是松和云，今天先以松为主角吧！

黄山松的针叶短粗而稠密，叶色浓绿，躯干曲生。树冠扁平，凸显出朴实、雄厚、稳健的姿态。而每一处的松树，每一棵松树，在长相、姿容、气韵上都不尽相同，都有着奇特的美。人们根据这些不同的特点，给它们分别起了很好听的名字，如：迎客松、黑虎松、卧龙松、探海松、团结松等。

都说到了黄山，对松没有感觉的人不算到过黄山，我认同。黄山的松威武庄严，黄山的松奇葩秀丽。它们或在云雾里时隐时现，或在冷风中傲立昂首，它啊，代表了不屈的性格，代表了可贵的精神。有些松以它那坚韧的品质，依偎在山石之上，不离不弃，这种坚贞不渝的坚守，不是我们人类对爱情的最高渴盼吗？一般来说，大凡植物的生长都是离不开泥土的，一如鱼儿离不开水，人离不开空气一样。然而，令人费解的是黄山松却偏偏选择了黄山这片荒芜而又坚硬的花岗岩上安家落户，繁衍子孙。清代诗人黄景仁在观赏了黄山松后作《黄山松歌》七绝一首中惊叹："黟山三十有六峰，峰峰石骨峰峰松。有时松石不可辨，一理交化千年中。"面对如此顽强的生命力，我不能不说黄山松的根系不仅仅是牢牢地扎在了岩缝的深处，而且还将"咬定青山不放松"的理念刻在了自己每一圈的年轮里。唯此，它们才能长出比自己的树干长出几倍甚至几十倍的树根，以此抓住大山，让缓慢生长裸露在外的树身有效抗击狂风暴雨的袭击和冰刀霜剑的相逼，并在历尽劫难后永葆青春。

黄山松，你美在品格。

你出生在极为恶劣艰难的环境中，不抱怨不逃避，年少弱小时不自卑不怯懦，年轻力壮时不轻浮不张狂，中年根粗枝茂时不傲慢不自大，老年时依然挺立万丈悬崖之上，超然物外，坦然处之，静而观之。

黄山松，你美在和谐。

黄山最奇的应该是松、云、石的巧妙结合。黄山风云变幻莫测，倏忽之间阴晴突变，风云骤起，一会儿又峰回路转，景随人易，大雾弥漫时你也能意识到雾、松、岩三位一体的关系。说话间雾气越来越重，雾滴也越来越大，是雾，是雨，是水，不得要领。只觉得整个人全身挂满了水珠。再看看那小草的叶尖，巨岩的棱角，松枝的针叶尖，还有树干上都缀着一串串的玉珠。大自然这个伟大的母亲赋予了黄山松生命之泉。若不是黄山雾的慷慨哺育和滋润，又哪里得来黄山松扎根于岩峰之中，盘结于岩石之上？奇美，挺拔，举世无双的黄山松，似乎变得娇秀了，愈发生气勃勃，妙趣横生。单论这强大的生命力，早就百看不厌了。

黄山松，你是一本博大的生命之书。你给人类上了生动一课：作为一棵黄山松，就要挨得住寂寞，就要学会顽强，就要自信，就要学会扎根贫瘠。

所有这些必将迎来仰视和礼赞！

12．黄山的云

黄山的云被称为云海，是当之无愧的。黄山以峰为体，以云为衣，其瑰丽壮观的“云海”以美、胜、奇、幻享誉古今，一年四季皆可观，听说尤以冬季景最佳，可惜我只是看到了夏季的云。根据《黄山志》的记载：云海分布在全山。有东海、南海、西海、北海和天海；而登莲花峰、天都峰、光明顶则可尽收诸海于眼底，领略“海到尽头天是岸，山登绝顶我为峰”之境地。我拍摄的照片没有莲花峰，因为正赶上莲花峰的修缮期。

大凡高山，都可以见到云雾，只有黄山的云可以称之为云海。它独到的特色，令人流连忘返。奇峰怪石和古松隐现云海之中，就更增加了美感。黄山一年之中有云雾的天气达200多天，水汽升腾或雨后雾气未消，就会形成云海，波澜壮阔，一望无边，黄山大小山峰、千沟万壑都淹没在云涛雪浪里，天都峰、光明顶也就成了浩瀚云海中的孤岛。阳光照耀，云更白，松更翠，石更奇。流云散落在诸峰之间，云来雾去，变化莫测。风平浪静时，云海一铺万顷，波平如镜，映出山影如画，远处天高海阔，峰头似扁舟轻摇，近处仿佛触手可及，不禁想掬起一捧云来感受它的温柔质感。忽而，风起云涌，波涛滚滚，奔涌如潮，浩浩荡荡，更有飞流直泻，白浪排空，惊涛拍岸，似千军万马席卷群峰。待到微风轻拂，四方云幔，似涓涓细流，从群峰之间穿隙而过；云海渐散，清淡处，一线阳光洒金绘彩，浓重处，升腾跌宕稍纵即逝。云海日出，日落云海，万道霞光，绚丽缤纷。落日的红晕铺云，像极了成片的红叶，浮在云海之上，这是黄山常见的奇景。北海双剪峰，当云海经过时被两侧的山峰约束，从两峰之间流出，向下倾泻，如大河奔腾，又似白色的壶口瀑布，轻柔与静谧之中可以感受到暗流涌动和奔流不息的力量，这是黄山的又一奇景。

美哉！黄山的云。你的美如少女沐浴后披着轻柔的纱，浮想联翩！

13. 黄山的峰

禅宗有一段公案，僧喊："山，过来！"但是山不来，佛说："山不来，我来！"

现在山过来了，黄山就在你手上，供你欣赏把玩，浮想联翩。如果还觉得不过瘾，你也可以"山不来，你来！"去登临黄山绝顶，去体会"一览众山小"。黄山诸峰，无风不起云，有云峰更高。峰高不妨碍白云飞。黄山中的天都峰，乃奇峰也！秀甲天下。真可谓："鸢飞戾天者，望峰息心；

经纶世务者，窥谷忘返。”徐霞客有言：“黄山归来不看山。”飞鸟留音，山路叶茂赏春秋。泉水掩石，幽径天低观天下，可谓赏心。燕雀安知鸿鹄之志，平地岂知高山之节，是为明志。山中岁月，宁静而致远，谓之静养。沉静、练达，山中独具清香，这是修身。一山一世界，悠然品黄山。看山，不是山。黄山是心灵的牧场，精神的家园，这就是黄山的哲学。

来黄山不能不去西海大峡谷。我建议朋友不要报团，因为大多数的旅游团是不去西海大峡谷的。这个西海大峡谷集幽奇、峻险、秀伟于一身。峡谷成“U”型，最大落差有400米。我立足峡谷，环顾四周，既有壁立千仞，万壑峥嵘的磅礴气势，又有群峰俊秀，巧石如林的画意诗景；但见山环山，山套山，轮廓清晰，层次分明，无数山峰如被刀劈斧剁一般。巨型石片像垒积木一样叠加起来，矗立在山谷深处。无处不景，无景不奇，移步换景，目不暇接。“仙人晒靴”“仙女弹琴”“天狗吠月”“仙人踩高跷”“武松打虎”，等等，历历在目。游峡谷，令人顿觉大自然的巧夺天工和神奇造化，仿佛来到天上人间，走进一个如梦如幻的魔幻世界。

14．黄山的夕阳

那夕阳，放射出万道金光，天空流光溢彩，群山的脉络变得格外分明，茫茫云海好似披上了橘红色的纱，在崇山峻岭中升腾，这时的山与云，云与天，在夕阳的照耀下，好似一幅不是画卷胜似画卷的天然国画，真是气势磅礴，伟岸绝世。我连声呼唤："美哉！壮哉！"在渐渐沉落的夕阳下，山峰显得越来越高大、雄壮、沉稳；白云更是显得宁静、纯净，夕阳慢慢地与山、天、云融为一体，变成黑蓝色版画，随着波光的消逝，由远而近地又化入夜色之中。黄山的夕阳是倔强的，它总是努力将最后一点余晖洒向大地，虽然它早已知道明天还会从东方再一次升起。但此刻黄山的夕阳在我的瞳孔里映照，我独爱这份沉沦的美。我去过无数的名山大河，看过无数的名山日落。令我震撼的，唯有黄山的夕阳！它昭示出：人！都有下坡，都有沉沦。但谁能把沉沦演绎得这样美好？！夕阳最后沉落了，云山与夜色融为一体，分不清是山和天空投入了夜的怀抱，还是黑夜闯进了山与天的世界。依旧清晰的是那幅壮观的大自然画卷，依然是清凉的，是山那边吹来的习习微风。此时，无论巨大或微小的形象，无论辉煌或平淡的色彩，都回归到一个原始状态，一个酝酿新的形象和色彩的状态。想起一首诗：夕阳美如画，清风醉晚霞，温婉拥雅韵，墨色度芳华。

15. 厦门印象

来到厦门，不走走中山路恐怕不算来过厦门，因为它是目前全国唯一一条直通大海的商业街。走入这条步行街，只见成片的南洋骑楼建筑、流光溢彩的霓虹夜景、琳琅满目的闽台特色小吃和回响在街坊间的古老南音，构成与众不同的风格特色。几年前我就查过相关档案：中山路有省级文物保护单位 3 处，市级文物保护单位 5 处，市级涉台文物古迹 1 处，历史遗址、古迹十余处，还有南音等非物质文化遗产。2012 年 6 月，厦门中山路荣获“中国历史文化名街”的称号。中山路在 20 世纪 20 年代开街以来，一直是厦门的商业龙头、经济中心。

中山路是厦门目前保存较完整的具有近代历史风貌的旧城街区，我认为中山路保存下来的骑楼街道、历史文化遗址和闽南街市风情，见证了厦门城市的历史发展，留存了城市宝贵的文化记忆。位于中山路轮渡路口的华侨银行，是当年厦门人与南洋华侨之间血脉紧紧相连的历史见证。具有南洋风情的骑楼，加上闽南传统的绿琉璃门楼屋顶，骑楼的门柱上又加了富有中国特色的回云纹装饰，为中山路骑楼添上了中国气派和闽南色彩。

走在街上，便有阵阵海风吹来，让人感觉惬意无比。闲暇之余，你还可走到街尽头的海边，遥望“海上花园”鼓浪屿，听涛声浪曲，观千帆飞渡、万舸迸发。可以说中山路是中国历史和中国现代建设的混搭，是历史的缩影。我来到民族英雄郑成功阅兵场的石牌楼的遗址时，石板上的篆刻已变得模糊不清。信步来到抗击外来侵略者的英雄陈化成的故居，这里也变成了饭馆，这不能不说是个悲哀。

我不禁要说，作为旅游城市，要相信越是民族的越是世界的，外国人来中国旅游，不是来看他们国家早就有的现代文明的。祖宗留下的遗迹和遗址在保护的基础上，稍加装饰，就是世界名片！就是最好的教育，是下一代的最现实的教科书！

16. 鼓浪屿印象

人人都说鼓浪屿美，素有“海上花园”之誉，还有人称它为“钢琴之岛”“音乐之乡”，听说岛上有许多钢琴世家，收藏众多古典钢琴，还诞生了一批蜚声中外乐坛的音乐家。

传闻岛上有一块两米多高、中有洞穴的礁石，每当潮涨水涌时，浪击礁石，声似擂鼓，人们称它为鼓浪石，鼓浪屿也由此而得名。岛上的美丽风景随处可见，有日光岩、皓月园、钢琴博物馆……但假期人数陡增，使我无暇走大众常走的路，我选择了素有万国城之称的特色建筑为突破口。我漫步轻踱，一幢幢地欣赏，一栋栋地观察，这些建筑基本上涵盖了所有的欧陆风格。古希腊的三大柱式各展其姿，罗马式的圆柱，哥特式的尖顶，伊斯兰圆顶，巴洛克式的浮雕，门楼壁炉、镂空精致的阳台、镔铁钩栏、斜顶天窗，洋溢着古典主义和浪漫主义的色彩，可惜大部分的游人看的是郑成功雕像，买的是所谓的特色小吃。夕阳西下，耳旁海风阵阵，伴随着这些古老的西洋建筑，别有一番情怀。都说来鼓浪屿的人都会变得浪漫，我看不然，那是人们借着某些暗示找回了自己内心本有的情感。我远望已经笼罩在夜幕下的鼓浪屿，几条激光射线跨越鹭江海空，变幻摇曳，令人眼花缭乱。

17. 武夷山印象

前两天去了闽北地区赫赫有名的一座名山：武夷山。也许是国庆的人流慢慢退去，我的这次旅行极其顺畅。首先映入眼帘的是郁郁葱葱的山林，松树亭然耸立，竹子随风摇曳；

往山里走，耳畔突然传来了哗哗的流水声，转眼向路左边看，透过树林看见一条宽宽的涧溪在哗哗地流淌，溪水清澈见底，迎面吹来的风清爽宜人，沁人心脾；往远处望，高高的山峰巍然耸立，绿色的峰顶，暗红的峰体，伟岸而秀美，这就是所谓的丹霞地貌！不知不觉我就到了天游峰下，向上仰望，天游峰真高呀，一条窄窄的石阶蜿蜒曲折地嵌在高高的岩石上，让人不由倒吸一口凉气，好陡峭呀！这勾起我争强好胜的性格。路在脚下，山路也在脚下。天气有些热，我毕竟 50 岁的人了，爬得都出了汗，驻足远眺，武夷山的秀美景色尽收眼底，巍峨的山峰形状各异，有的像猛虎咆哮，有的像苍鹰欲飞，一条宽宽的山溪蜿蜒其中，碧水丹峰，这美丽的景色深深震撼了我，我手中的相机咔咔地响着。曾经读过郭沫若写过的诗：桂林山水甲天下，不如武夷一小丘。一步一景，真是胜景奇幻百出。“三三秀水清如玉，六六奇峰翠插天”讲的就是武夷山的九曲溪，它集中了武夷山水的所有精华。我当然不能放过这条清澈的小溪，我登上竹筏，在群峰间斗折蛇行，如同穿行在一条轻轻缠绕于指间的丝带，这江水柔和，而且充满质感。山回溪折，折复绕山，山水互为依存，互相映衬。泛舟九曲之上，在溪水潺潺中大饱眼福，千姿百态的三十六峰与九十九岩尽收眼底。一曲一景，曲曲景相异。浏览九曲溪，无疑是将武夷山的美景打包后尽情欣赏。仰首观山景，低头闻水声。一路行来，轻松惬意。当如此山水盛宴在你眼前一一展开时，当古越人留在悬崖绝壁上的“架壑船”和“虹桥板”不经意间跳进眼帘时，你还能把持自己？你还能不被洗涤心灵？你还能不陶醉？

当地人说来到武夷山，吸一吸森林之氧，一天顶城市的一年吸氧量，此言不仅真，乃善。

大美武夷！

18. 福建土楼印象

福建土楼在闽西地区，据说有几千座。我来到的只是南靖地区的一处。这些建筑都是客家人几百年来生活的见证。如果不了解客家人的历史，就读不懂这些伟大的建筑。我围着土楼走了几圈，抚摸着夯实的泥土墙，仿佛在看一部记录中原汉民南迁的档案。这些古老、神秘的土楼，让我回到了战乱年代中原汉人一次次告别家园的惨痛历史中。他们举族南迁，来到南靖这个重峦叠嶂、交通闭塞的山区安营扎寨。长期忍受着颠沛流离之苦，常有“恨藏之不深，恨避之不远”之感，为了获得稳固的居所，他们沿袭中原的夯土建筑形式，秉承了汉文化中的风水学说，结合当地的土层结构，建造了一座座集居住、防御功能于一体的土楼。

如今这些夯土版筑的土楼星星点点般点缀在山路十八弯里，它并不富丽堂皇，却纯朴、宁静，千百年来，巍然屹立。随着人们生活越来越好，旅游成了这里的支柱性产业。这种奇特的建筑形式吸引着人们新奇的目光。土楼依山势错落布局，在群山环抱之中，居高俯瞰，像一朵盛开的梅花点缀在大地上，又像是飞碟从天而降，构成人文工艺与自然环境巧妙天成的绝景。

土楼是世界上独一无二的集居住和防御功能于一体的建筑，体现了中原儒家根深蒂固的聚族而居的传统观念，更体现了聚集力量、共御外敌的现实需要。所有这些都让我叹为观止！土楼与山水交融、与天地参合，是人类民居的杰出典范。倚山偎翠，方圆错落，似古堡巍峨苍朴，如现代体育馆气势恢宏，我怀疑北京的鸟巢的创作灵感是否与福建土楼有关？山下层层叠叠的茶田与土楼完美勾勒出一道恬静的田园风光。现在这里是产茶大区，游客不买点茶叶就像没来过这里似的。我最感兴趣的是圆形的裕昌楼，它是南靖县现存最古老的土楼。听导游说，这座土楼建成后不久，楼内回廊木柱便开始从左向右倾斜，最大倾斜角度为15度，看起来摇摇欲坠，但经受几百年风雨侵蚀和无数次地震的考验，至今依然如故，有惊无险。因此，此楼被称作“东倒西歪楼”。

回顾四周山峦，我被这里山民的质朴所感染，更感受到了 80 多年前，红军在此浴血奋战的画面。我遥望远山，主席的诗句又上心头：东方欲晓，莫道君行早。踏遍青山人未老，风景这边独好……战士指向南粤，更加郁郁葱葱。

19. 武当山

久有凌云志，才上武当山。

终于来到了湖北的武当山。几十年来我心里一直萦绕着：在几百年间是什么吸引着各地的芸芸众生，到这座大山求仙问道，使武当山成了无数朝圣者的圣地。是这座大山六百年间生生不息的香火？是巍然屹立的伟大建筑？还是如山峦般波澜壮阔的武当山历史和传奇？还是朝圣人们千年追寻道法自然的梦想？所有这些让我在今天看到了千年的演变，无数香客的狂热，让武当山从无名到兴盛，善男信女们用香火一代代不断丰富着武当文化。武当山是道教文化的代表，一直秉承“道法自然、返璞归真”的道家思想。

一大早我在拥挤的人群里爬到了武当山最高峰——金顶。站在雾蒙蒙的金顶，放眼八百里武当，久久地看着“七十二峰朝大顶”的景色。虽然不断有人冲撞我，但丝毫没有影响我默默地感受着武当山的魅力。由于每一处都不能久留，我在中午开始下山。金殿的后面是下山的路，路边都是城墙，我不时摸着城墙，让这种亲密接触和历史的厚重迅速重合。当年，工匠们用重达千斤的石条依岩势筑起一道厚厚的城墙，城高数丈不等，蜿蜒起伏，这是何等的伟大。远看如光环围绕金殿，雄伟壮观。我依傍在明甬道上休息，用道家思想和中国风水验证这里的建筑。我发现依山之势四个山头各建一座仿木石建筑，象征天阙。但东、北、西三门面临绝壁，只有南天门可通。放眼望去，山峦起伏。下午我来到了影视作品经常出现的紫霄殿。它雄伟高耸，三层石基的积累，更加壮观，气势轩然！殿堂楼阁依山叠砌，中轴对称，布局巧妙，错落有致，丹墙碧瓦，富丽堂皇。在中国古代把天空东南西北划分为“四象”：“东苍龙、西白虎、南朱雀、北玄武”。“玄武”即龟，因此化身为水神，由于又主北方，因此又是北方之神。在宋朝，玄武一词需要避讳，所以改叫“真武”，所以这里供奉的是真武大帝。

在很多城市中都有真武庙，供奉的就是玄武大帝。其实这也是有原因的。明朝，朱棣篡位定都京城，为了体现封建帝王“君权神授”的理念，于是就想到了武当山供奉主宰北方的玄武大帝，这也就给武当山香火鼎盛埋下了伏笔。武当山各宫观皆符合皇家规制，既体现皇家道场的气派，又根据山势展现皇权；既表现玄武大帝传说的神话色彩，又体现道教“道法自然”的思想，将这一切融为一体。

笼罩在武当山的大雾缓缓散去，才逐渐让我看清这座仙山。武当山承载着太多的中国历史文化，在封建帝王眼中，京城的皇权与武当的神权相得益彰，无处不在体现着“君权神授”的历史文化。

我看着上山朝圣的人群，他们虔诚许下美好的愿望。我突然领悟到：此时武当山已经不再是一座山，是更多人的美好向往和信念的笃定。这正是我国人民的善良，期盼国泰民安的最好写照。

20．游古隆中

湖北襄阳古隆中是三国人文故事中最为励志的一个景点。至今已有1800多年的历史了。这是一代名相诸葛亮躬耕陇亩，刘备三顾茅庐，“隆中对”的发生地，更是三分天下的谋略发源地！

中国智慧的代表人物众多，但哪一个学派都会提到诸葛亮，所以此地一直是襄阳旅游的首选地。我来古隆中，主要是对一代智慧化身的诸葛亮有着独特的崇拜和敬仰。他不愧是一代名相，是个彪炳青史的人物。诸葛亮在历史的长河中留下了许许多多宝贵的精神财富。勤政廉洁和公正无私是他高尚品德的核心。他“科教严明”“赏罚必行”“无善不显，无恶不惩”使当时社会吏不容奸，人怀自励，道不拾遗，强不侵弱，风化肃然。他勤政廉洁的作风，严以修身的伟大情操，特别是他“鞠躬尽瘁死而后已”的献身精神，历代帝王将相都倍加推崇，甚至百姓都推崇称颂，世代流传！

其实“廉政”是各个朝代的话题。在漫长的中国历史中，不少人在谈论廉政，而庶民百姓更是希望执政官员都奉公执法，清正廉明。而诸葛亮就是这样的代表，他用一生践行着这个理念，同时也鼓舞着后人。

我敬仰诸葛亮的矢志不渝，鞠躬尽瘁，死而后已的报国情怀。

我感慨诸葛亮的励精图治，积极进取，高山仰止的伟大抱负。

我学习诸葛亮的公正廉明，严于律己，无私奉献的道德风范。

我追随诸葛亮的勤俭朴素，严谨细致，亲民爱民的优良作风。

我追崇诸葛亮的率先垂范，言行一致，光明磊落的优秀品质。

我来此旅游，是来参观学习的，每一次来，都是一种激励和鞭策。在当下，国家兴亡，匹夫有责，我一直在我的行业里坚守着一方净土！

21. 米公祠记

米公祠是为了纪念北宋大书法家和鉴赏家米芾的。

我个人是最喜欢米芾体的，至今也在仿学，从中找到了不少的乐趣和感悟。徜徉在米公祠的碑林中，看到了不少米芾、黄庭坚和蔡襄的真迹石刻。

米公祠原来是米家庵，始建于元，扩建于明，后改名米公祠。祠内有纪念性的建筑拜殿、宝晋斋、仰高堂等。这里大概珍藏了米芾的真迹 45 幅，石刻 145 处。这样好的文化场所，今天却很少有人问津。来到中心庭院，看到了几棵五百年以上的银杏巍峨参天。中心院落的两侧是不同风格的园林，那里有不同风格的亭台楼榭，九曲回廊，特别是西苑，建有小巧玲珑的园林，一泓池水，石舫、水榭、长廊、廊壁穿插相间，文化在娱乐中巧妙穿插，让人不累就学习了许多书法。在不足 10000 平方米的院落里，能有这样好的园林，可见设计者独具匠心。

来到二进院落，有米芾的书法展览，我不能错失这样的临摹机会，信步而入，看到了北宋时期的宋高宗对米芾的字的评价："沉着痛快，如乘骏马，进退裕如，不需鞭勒，无不当人意。"我认为这是知音的评价，太恰当不过了。跨门回转处，一个牌楼引起了我的注意，它综合了鄂西北历史传统建筑风格，与祠宇内的环境相互衬托、相互呼应，把名人文化与传统建筑特点有机地结合起来，真是点睛之笔的设计啊！

在二进院子的西边有个亭子，它是"洁亭"。为什么叫"洁亭"这个名字呢？这是因为米芾特别爱干净，而且好洁成癖。

关于洁亭的由来，在我们襄樊还流传着这样一个比较有趣的故事。传说有一天米芾遇到一个书生，知道这个书生姓段，名拂，字去尘。于是米芾就想：拂且去尘，真吾婿也。后来米芾果然把自己的女儿许配给了这个书生。在这个故事中，我们看到米芾单单从一个人的名字就能看出这个人特别爱干净，可见米芾好洁到了什么程度！米芾洗手从来不用毛巾擦手，而是用双手相拍或者甩手的方式把手弄干。这使我想起米芾晚年在江苏镇江的逸闻趣事，米芾举止癫狂、性格粗犷，也是无人可比的。

书法上他是“宋四家”之一，且书法首屈一指，其书法潇洒奔放，又严于法度。苏东坡盛赞其“真、草、隶、篆，如风樯阵马，沉着痛快”；另一方面他又独创山水画中的“米家云山”之法，也就是他善于以“模糊”的笔墨作云雾弥漫的江南景色，用大小错落的浓墨、焦墨、横点、点簇来再现层层山头，也称“米点”，为后世许多画家所倾慕，争相仿效。就是由这样的理论指导，我不断验证着眼前一幅幅臻品，我在翠竹和松柏的环绕下，沿着青砖小道，细细品味先人的书法石刻，那流畅的墨迹，龙飞凤舞的气势，让人感悟到书法艺术的唯美意境。

米公祠，这座历经400多年的书画艺术殿堂，以它丰富的内涵和典雅幽静的自然环境，构成了襄樊古城的一道文化胜景，确实值得大家前来品味和观赏。

22. 踏青游记

“当春乃发生”，植物和动物惊蛰而动，一片生机再现！我赶在新戏开机之前，进行了一次踏青。

早闻香山的二十八景在修缮，于是兴冲冲来到北京西郊的香山。香山旧称静宜园，是清朝的乾隆皇帝常来之地。这里的昭庙更是堪称中原佛法和藏传佛教的完美结合。禅寺与山地园林的巧妙结合，更是灵动之笔。它的历史价值、艺术价值、美学价值、人文价值在国内实属罕见。

香山二十八景曾经被八国联军损毁，现在的重建使我有幸目睹我国工匠的匠心之作。二十八景中亭、台、轩、榭无不有，泉、石、竹、树尽怀中！我漫步在古迹遍山野，四时皆幽翠的天地里。面对修缮后的静宜园，我首先想到了“宁静致远”。坐在清雅端秀的长廊里，仿佛置身于天然山水画卷的仙境。

想起著名哲学家周敦颐“无欲则静虚动直”的语句，感觉和这里的美景相得益彰，想必乾隆皇帝以此为园赐名“静宜”吧！

我最喜欢的是见心斋，它在昭庙北侧，被一圈围墙保护着。这里是唯一一处保存较好的古迹。据说始建于明嘉靖元年，清嘉庆元年重修。小院内建筑布局极富江南情趣。院内东侧为半圆形水池。泉水由龙头吐入池内。上挂“见心斋”匾额。当年乾隆在这里召见大臣，想必是煞费苦心。池东有一亭，为知鱼亭。院内池轩相映，回廊临水，红色的锦鲤比冬季时多了一点活力。这里可以说是香山公园中的园中之园。人很稀少，我心神内敛，实感这二十八景，真乃山地造园的典范之作。

23. 情洒郁金香

阳春三月渐行远，最是人间四月天。四月，正是春暖花开，草长莺飞，赏花踏青的好时节。绿草茵茵，郁金香花开浪漫，万紫千红，争奇斗艳。我远离了城市的喧嚣，逃避了雾霾污染，回归了自然，品味了绿色，找到了异国他乡的芳菲。

望着大片的花海，吸着清新的氧气，仿佛内心生出色彩斑斓的彩虹，我游离在美妙的空间，遐想着绚丽的景色。

穿梭在一簇簇郁金香的花阵，有方形的园圃、有弧形的园圃、有围着草亭的花岛，还有蓝紫的爱情草；在花与草的错落中，更有木与林的疏密。有些红色的小花在石头的夹缝中摇曳，而绒绒的青草给了它们碧绿的幕景……绚烂的颜色，精致的情调在胸中徜徉。

我更喜欢雾气蒸腾的小岛，犹如蓬莱的仙境；弯曲幽静的小木桥、古朴的栏杆似隐似现，这里的亭台是仿照花瓣形状设计的，构思之巧妙，令我叫绝。不远处的喷泉随着音乐韵律，时而优雅时而狂放。有时如柱般直冲霄汉，又瞬间如雾般飘落镜面。

在樱花大道上，有些花早已凋零，但还在努力和远方的水车遥相呼应。这里的大型水车，转动的水轮仿佛像个时间机器，把我们带到了远古的田间地头。这个地标似的大块头，在这个梦幻湖里，找到了它的生命。灵动的和谐给人们带来了希望和遐想。美哉！大美郁金香！

24．第二故乡海南

微风细雨中，我来到了我的第二故乡——海南！辛苦一年，来此放松放松。

我家隐在一片绿的海洋里，远望一座玲珑的小亭和伸入海中的栈桥就是我家的标志。站在庭内，海和院落的垂直比例是真正意义上的黄金分割！太阳倒映在海的中央，早已不是喷薄欲出少年模样，而是梦中的稳重情郎。若梦若幻，在丝丝小雨的洗涤里，让人不知今宵是何年！

第二天，晴空万里，院子里的绿被烟雨滋润后，更加青翠欲滴，含湿带露，明目清心。在自家院落里散步，被活泼灵动的景象感动着。南方草甸的幽绿，庭院周边的草、水、花、厅都时隐时现。苍翠的椰子树以及潺潺的流水把我的心安抚到了极致！

我的小院是小巧光鲜的，绿草如茵，林木葱翠。远处的海涛拍打着沙滩，宛如仙境，我脚下生根，鼻吸净氧，百会早已和天庭接壤，尽收大自然的恩惠。泳池波平如镜，闪着亮光，水面浮动的粼光和我的愉快心情交织在一起，奏响了天然空灵籁音。清风吹拂着我的脸，顿感神清气爽。此时的海面波澜不惊，心里宽慰至极。

每年来此一次，深深爱着这里。我的家温柔妩媚，恬淡动人，绝不造作。这里的草木、碧海、椰林、庭院都是情人，她们千姿百态，有的笑意盈盈，有的落落大方，有的风情浓郁，更有柔声细语，使我丢了魂魄，失了精神！但我得到的是继续打拼的动力！

我爱这里的家，爱这蓝色的海洋，有你陪伴真好！

25. 惊现龙宫

海南的自然资源融合了山、海、河、湖、温泉、瀑布、盐田。近年开发的石花水洞，更加丰富了海南岛的旅游资源。石花水洞位于儋州，是目前我国开发的纬度最低的天然大溶洞，也是中国比较年轻的“地下龙宫”，有140多万年的洞龄。石花水洞不仅有洞，还有石林，而且这个石林不输云南石林。这里的热带果园也很有特色，大榕树遮荫蔽日，甚是壮观。洞内的景区分旱洞和水洞。洞内的石钟乳、石笋、石柱、石旗、石像、石瀑布、石舌等比比皆是。但最独特的是卷曲石和文石花，它们都具有极高的观赏价值，尤其卷曲石最具特点，文石花更是国内罕见。

水洞曲折蜿蜒，光怪陆离，五彩斑斓，在水洞里轻舟漫游，宛如遨游在龙宫，美不胜收，这里独二无一的月亮造型，堪称绝境！石花水洞的山是灵的，水是秀的，石是奇的，洞是幽的，月是亮的。耳畔传来泉水的叮咚声，真是水波清丽，水流传情。洞套洞，景生景，移形换位皆是景，真乃别有洞天。

26. 走进五指山

位于海南五指山水满乡的一大片热带雨林，真是天然大氧吧。在京吸满了雾霾的肺，一定要来此“透析”一下。这里是海南岛海拔最高的乡镇，同时，也是五指山的最深处。据说水满乡的空气中负离子含量众多，就是要贪婪地深呼吸。

五指山的热带雨林与南美洲的亚马孙河流域、印度尼西亚的热带雨林为全球保存最完好的三块热带雨林，这里生长着茂密的原始热带雨林物种，生物极为丰富，所以与其说是攀登五指山，倒不如说穿行于热带雨林谷更贴切。感受海南热带雨林的绿色生态之美。景区里，沿着雨林栈道一路向上，叠翠的群峰，幽幽古木，溪水汩汩，偶尔头顶树梢上传来鸟的叫声，还有小鸟扇动翅膀的声音，以及各类昆虫的鸣叫声，它们在为大自然进行着和谐的演奏。如果说电影可以给人们带来感官的最大享受，那么这里的雨林丛灌，就会让人进入画境，氧气自然而然进入了体内，滋润祥和。温润的气候，清澈的溪水，碧绿的树叶，构成一幅美丽的山水画。茂盛的热带原始森林，幽径上藤蔓缠绕，古木参天，雨后云雾缭绕，凸显神秘，每一处小路与五指山蜿蜒相通，随着日月流逝，道路早已隐没在荒草中。谷中多条山溪穿行其间，峡谷、瀑布、石林等景观尤为丰富。

27.“字”如人品

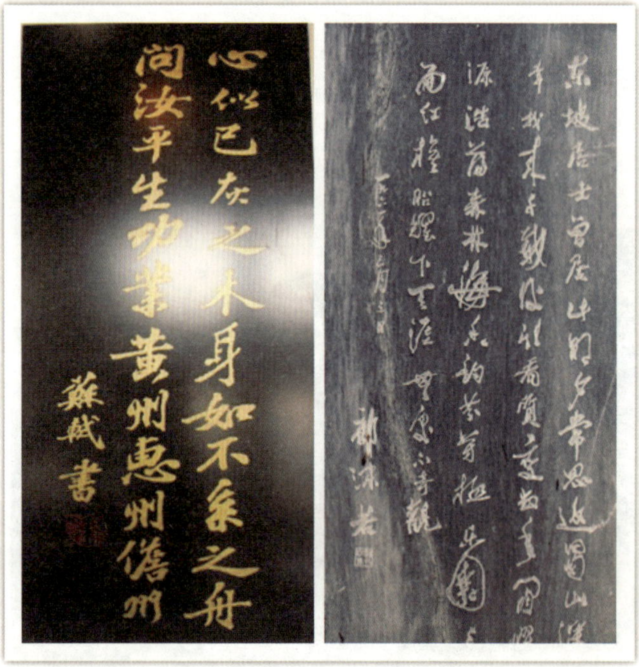

苏东坡，北宋著名的文学家、书画家。他在诗、词、文、赋以及书、画和文艺理论方面，均达到了当时的最高水准。堪称一流。其文汪洋恣肆，明白畅达，与欧阳修并称“欧苏”。苏轼的诗清新豪健，善用夸张和比喻。在艺术表现上独具匠心，在这方面和黄庭坚并称“黄苏”。词属豪放一派，与辛弃疾并称“辛苏”。在书法上，擅长行书、楷书。他自创新意，笔法丰腴跌宕，有天真烂漫之趣。苏轼是“浑涵光芒，雄视百代”！历史上很少有这样堪称全才的人物。

海南人把苏东坡作为海南文化开发和启蒙的功臣，因苏东坡在海南期间，移风易俗，著书立说，在当地影响深远。带着敬仰，怀揣热爱书法的心境，拜谒了东坡书院，这里面积不大，院里有东坡戴笠铜像，也有坐立的雕像。更有春牛塑像。钦帅泉和假山相互呼应，也是一个难忘的经典景致。这里草木扶疏，鲜花掩映，书画琳琅，古色古香。这里的藏品众多。在这样舒适、祥和的氛围里，我带着浓厚的兴趣，学习着书法，也品味着苏轼高洁的人品。

28. 走进园林博物馆

一直以来，我就研究中国古典园林，它使我传统文化的底蕴不断加深，也不断吐故纳新。在园林博物馆学习期间，逐步整理出了该文。

中国是一个有着五千多年悠久历史的文明国度，钟灵毓秀的大地山川，积淀了深厚的史诗文化，孕育出中国古典园林这样的一个源远流长、博大精深的园林体系。中国园林是

中华民族优秀传统文化的重要组成部分，它以丰富多彩的内容和高超的艺术水平在世界园林艺术中独树一帜，在数千年的造园实践中，逐渐形成了独具特色的思想和技艺。以巧夺天工的手法，将山形水系，花草树木，堤岛路桥，亭台楼阁等景物巧妙结合，塑造出情景交融的立体画卷。其独特的文化精神和辉煌的艺术成就为世界所瞩目。

“虽由人做，宛自天开”是中国造园艺术的核心理念，“外师造化，中得心源”更是丰富了艺术的创造。“会心处不必在远，翳然林水，便有濠濮间想”即是对园林意境的生动阐述。

“咫尺山林，再造乾坤”就是把有限的空间创造出无限的变化，以达到步移异景的艺术境界。“源于自然，高于自然”是对大自然的理解后的具体升华。所以园林造景贵在灵活，虽有法但无定制。虽变幻而有方可寻。通过借景、框景和障景等手法，形成情景交融，妙趣横生的园境。

秦汉是园林发展的重要阶段，相应于中央集权政治体系的确立，出现了宫苑这种园林类型，并成为该时期造园的主流。这时期的宫苑规模恢宏，建筑华美，功能多样，特别是一池三山的概念和格局对后世的建园影响深远。

东汉和魏晋南北朝是中国园林发展中一个承前启后的时期，佛教传入，道教盛行，诸多思想的活跃促进了艺术领域的开拓，对这一时期的中国园林发展产生了较大的影响。“园林”一词开始出现，造园活动不再追求宏大的规模，取法自然，造园手法趋向于写实与写意相结合，隐逸思想得以充分体现，异彩纷呈，初步形成了皇家、私家、寺观园林体系。随着士族、贵族势力的壮大和士大夫隐逸思想的盛行，私家园林作为一个独立的类型异军突起，并出现两种倾向：一种是以贵族官僚为代表的崇尚华丽的倾向；另外一种是以文人名仕为代表的追求隐逸和山林泉石之乐的倾向，成为后人仿效的对象。

盛唐之世为私家造园的发展创立了条件。文人参与造园蔚然成风，这一时期的私家园林将更多的诗画情趣赋予其中，甚至衙署内也多有山池花木的点缀，隋唐时期的皇家园林集中建在长安和洛阳。该时期皇家园林的建设数量之多，规模之大远远超过魏晋南北朝时期，已经形成大内御苑、行宫御苑、离宫御苑三个各具特色的类别，整体的规划设计和艺术水平都有了很大的提升，对后世皇家园林的建造影响深远。君民在曲江同乐，成为长安城市风情的历史画卷。寺观园林更加世俗化。私家园林追求个性，向文人的创作方向发展。以诗入园，因画成景的做法在唐代已渐成熟，为宋代文人园林的兴盛奠定了基础。

宋代以来，文化繁荣昌盛，科学技术长足进步，促成了园林艺术的全面发展。这一时期，文人参与造园赋予园林诗情画意，从这一时期的山水画与诗词歌赋可以看出，文人园林的发展最为突出，并且影响到皇家园林和寺观园林的建设。叠石、理水、植物、建筑等造园要素全面提升，园林创作更加重视意境和内涵，艮岳就是这一时期的杰出代表，中国古典园林的风格完全成熟。

明清时期是中国古典园林发展史上的又一个高峰，园林形式更加丰富，造园技艺更加成熟，帝王的南巡北狩，从塞外到江南，促进皇家园林、私家园林和寺观园林的繁荣，出现了一批不同地域风格迥异的园林作品，留存至今的许多明清历史名园被列为世界文化遗产。同时，优秀造园家和园林相关论著集中出现。长期积淀的深厚传统文化，成就了中国古典园林的辉煌。

其实，园林的设计是有章可循的，和中国山水画一样，“意在笔先”是中国造园的重要特征，对造园者而言足以言志抒怀，对游览者而言足以触景生情。造景的立意不但要巧妙，更要得当，往往通过“问名”来表达。

从古至今中国园林一直影响着人们的生活和追求。现在的别墅有了院落，让很多人在设计上兼收并蓄，传承创新，这无疑散发出中国文化的魅力和感染力。

29．京郊的免费园林

虽然榆树庄公园已经建成两年了，孤陋寡闻的我，还是在朋友圈的文章里得知的。漫步来此园林，感叹京城里还有这样的免费古典园林！

喜欢地址考证的我，从园中石碑上详细了解了该公园的来历。这个村为了美化生活环境，由村委会集体研究决定兴建园林，聘请清华大学建筑学院纪怀禄教授负责设计，自筹资金，历时几年，终于完成。

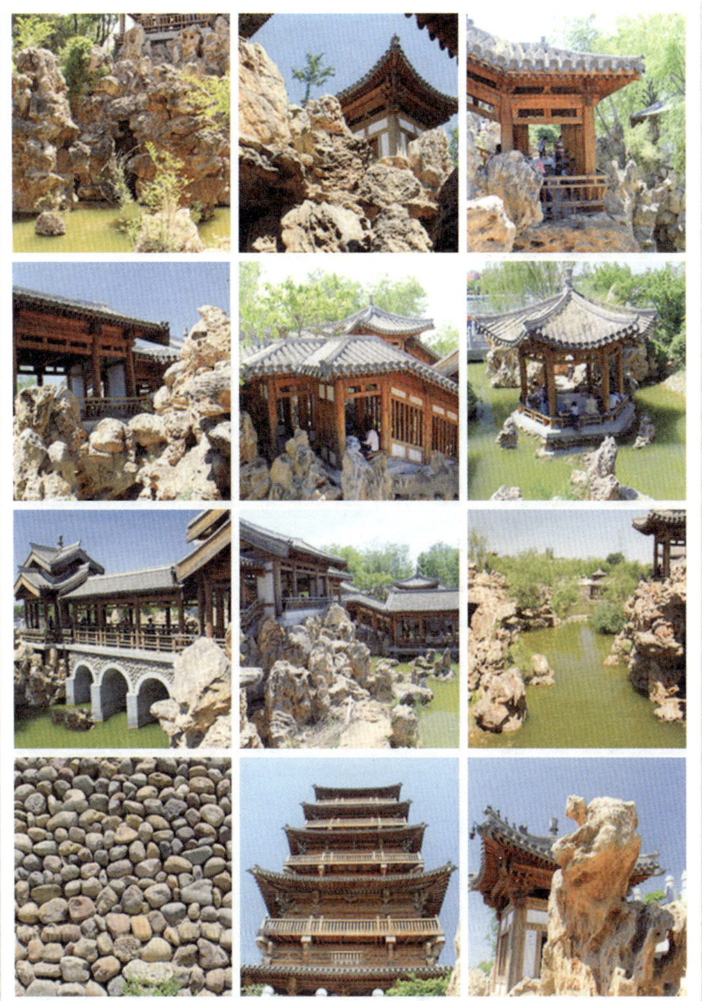

这里人不是很多，没有大公园的喧闹，显得十分清幽。

公园内建筑吸取中国隋唐风格建筑的特点，以木结构为主，不进行任何彩绘，呈现的是松木本身的色彩和花纹。这是一座典型的古典风格园林，很是古朴自然。

公园里的湖泊不是很大，湖面平静，在阳光的映射下，湖面倒映着柳枝，仿佛使人回到了盛唐！园林利用了传统的叠、堆、挡等方式，把太湖石围成了山岳和丘陵。在高低起伏之间，时而显露一屋一瓦，时而变成平原，野花竞相开放，大白鹅绅士般地游走，多么和谐的景象！艳阳高照，人们纷纷在廊下休息。我想，这般美景如若搭配一丝小雨，定是烟雨观林了。但我已无所奢望，用心感受着柳荫鱼跃、镜湖夏艳。园林中最大的亮点是大木塔！使我想起了镇江的金山夕照，这里保持了原生湿地状态，是个不可多得的净土。

时光荏苒，沧海桑田。当悠远的驼铃声穿越历史的星空，昔日的落雁孤烟幻化芳华之时，在一线城市里，能惊现这样的闹中取静的好去处，怎么能不说我们身边的宏伟蓝图已然被照亮呢。感谢这伟大的时代！

大鹏之动，非一羽之轻；骐骥之速，非一足之力。

30. 武昌第一枪

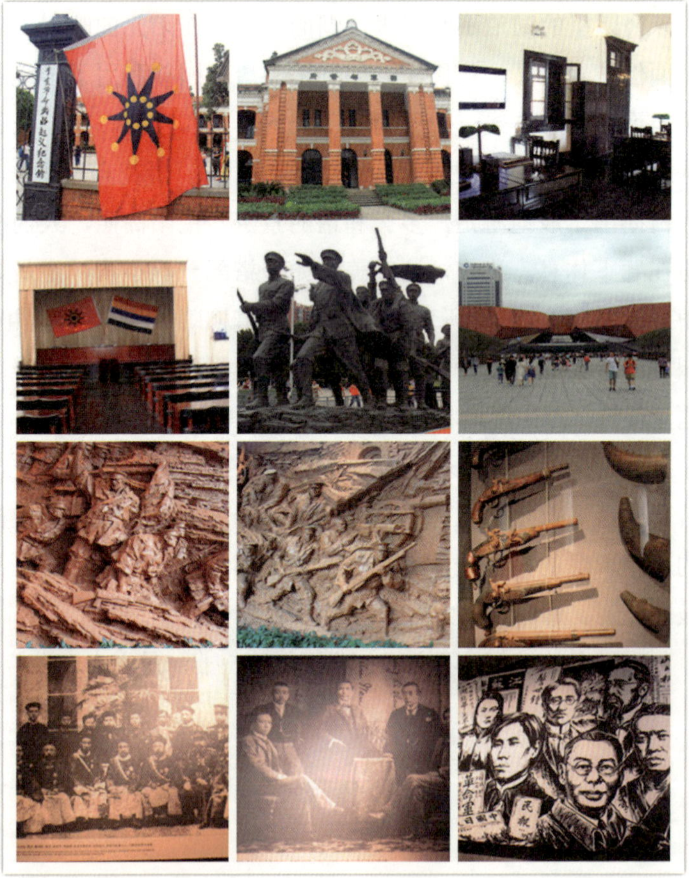

终于来到了武汉的首义广场，这是我研究近代史，梦寐以求的地方，几次来武汉都没能成行，这次终于如愿。

广场以红楼最为著名。因为这里的纪念馆是红砖砌墙，红瓦覆顶，故此得名。这里原来是清朝的谘议局，武昌起义胜利后，革命党人在此建立了督军府，保留至今。广场上的群雕，栩栩如生，经过了特殊处理，多年不会风化。看着壮观的群雕，仿佛听到了当年起义将士的冲锋呐喊！值得注意的是革命党人手中的枪就是鼎鼎大名的“汉阳造”。“汉阳造”

是当时的湖广总督张之洞负责监造的。这种具有“独立知识产权”的武器，一直到抗日战争中还在使用。张之洞与曾国藩、李鸿章、左宗棠并称晚清“四大名臣”。他恐怕到死都没想到，他效忠的清王朝就是一批新军拿着他主张制造的“汉阳造”推翻的。新建的辛亥博物馆的造型像一本打开的书，里面有文物1000多件。俯瞰博物馆，更像是大写的英文字母“V”，这是代表着胜利的字母。沿途的孙中山铜像、黄兴拜将台等，巍峨耸立。北广场上，雪松苍苍、绿草如茵，一排排棕榈，一方方花坛，一条条曲径彰显着首义精神。南广场上，彭楚藩、刘洪胜、杨复基烈士雕像用红砂石铸造；广场中央，一个以十八星旗为图案的大型喷泉花坛凸显出起义的历史。

走进展厅后，发现整个展厅是按照时间顺序来排列的。分晚清中国、革命源起、武昌起义、创建共和、辛亥百年五个部分。首先我们看见的序厅，里面是一组名为“共和之基”的雕塑，运用了浮雕和圆雕形式，展示了革命党人前赴后继创建共和的宏大场面，武昌首义的成功，奠定了共和之基。

我走入博物馆内复原的武昌古街。踩在青石板路面上，站在复原的街道上，酒庄、茶楼就在面前，仿佛穿越到了革命爆发的前晚：房间内，革命党人在低声私语，枪声响起前的紧张气氛跃然而出。观看凹下地面半米的武昌古城沙盘。沙盘演示着首义之夜的行军路线，对面的弧形墙面则以数字电影的形式展示着各个环节的战斗，令人身临其境，血脉偾张。

辛亥革命是一座历史丰碑，它结束了中国两千多年的封建君主专制制度，沉重打击了帝国主义的侵略势力，推动了亚洲被压迫民族解放运动。历史过去了一百多年，而这场震撼东方的伟大革命所带来的博爱、自由、平等的民主思想，至今影响着社会政治、经济、思想文化的各个方面。辛亥革命在亚洲第一个半殖民地半封建的中国社会爆发，它将争取民族独立和人民民主的革命火种传到亚洲各地，同时也引导着亚洲乃至全世界民族民主运动的高涨。

31. 黄鹤楼记

黄鹤楼，中国名楼！我第四次登上这个晴烟飞霞的神奇之地。这里的景点不像中国大多数公园那样，而是用高低错落的景致，压迫着人们的渴望，把黄鹤楼的身影放在了最后。黄鹤楼的建筑特点和它的名字一致：楼檐上翘，像黄鹤展翅，楼顶的圆柱像黄鹤昂头，戟指蓝天，楼前两只黄鹤分立于龟蛇之上，正面高悬的匾额上写“楚天极目”四个苍劲的大字。

漫步前行，“帘卷乾坤”四个金色大字悬挂在正门上方。这里的建筑群用雄伟壮丽、古色古香、庄严肃穆形容一点不为过。我穿过“绿海高观”“红满林笼”等几处牌楼时，仿佛我的脚步也增加了几分豪迈。时隔多年，每一次都有不同的感受。看到四周还是绿树环绕，亭台与回廊，石桥和流水，湖畔伴垂柳，风景依然秀丽。我轻踏木阶，敛气而上。站在楼栏处远眺，风中，荡来阵阵凉意，望长江如带，极目楚天舒。灌耳是悠扬的钟声。置身楼内，左右环顾，似仙幻游，壁画楹联，雅致脱俗。想起伟人毛泽东《菩萨蛮·黄鹤楼》：“茫茫九派流中国，沉沉一线穿南北。烟雨莽苍苍，龟蛇锁大江。黄鹤知何去？剩有游人处。把酒酹滔滔，心潮逐浪高！”不由得心潮澎湃，浮想联翩，感慨万千。这次相伴黄鹤楼，千载空悠悠的白云，在天际中聚了又散，散了又聚，给人无尽的遐想。对岸就是晴川阁，在日光的照射下，宛若晶莹剔透的龙宫。多年后的重游，令我感慨万千。随着时间的推移，这里不见了孤帆远影，只见一艘艘巨大的客货轮在江上航行；更不见芳草萋萋的鹦鹉洲，只见一片片繁荣的街市高楼。望着滔滔长江水，看着巍峨长江桥，品着美丽武汉景，昔日的时光再现脑海，回头看看一米八的儿子，心中不禁骄傲！黄鹤楼的确很美！它与湖南的岳阳楼、江西的滕王阁齐名，享有“天下绝景”的盛誉，号称江南三大名楼。想写一首诗，最后放弃了。还是摘抄大诗人的名句作为纪念吧！崔颢的《黄鹤楼》最为有名。“昔人已乘黄鹤去，此地空余黄鹤楼。黄鹤一去不复，白云千载空悠悠。晴川历历汉阳树，芳草萋萋鹦鹉洲。日暮乡关何处是？烟波江上使人愁。”而李白似乎更是钟情于黄鹤楼，多首诗篇里都有黄鹤楼的影子，尤以《黄鹤楼送孟浩然之广陵》最为人们熟知——“故人西辞黄鹤楼，烟花三月下扬州。孤帆远影碧空尽，唯见长江天际流。”

是啊！看悠悠江水、点点帆影，看川流不息的车辆，沸腾奔走的人流，怎么能不激动，心底泛起阵阵豪情，化作一种永恒的追索与憧憬：对绵亘的历史，对美好的未来，对家人的祝福……

32．这里的夜很美

几次到武汉，与武汉有着不解之缘，个中缘由，只有自己清楚。武汉被长江和汉水分割成了武汉三镇。三十年前去时，长江上的大桥不多，更不要说美妙的夜景了。武汉长江大桥是“万里长江第一桥”，是灯和水的世界，是“天堑变通途”的真实写照。

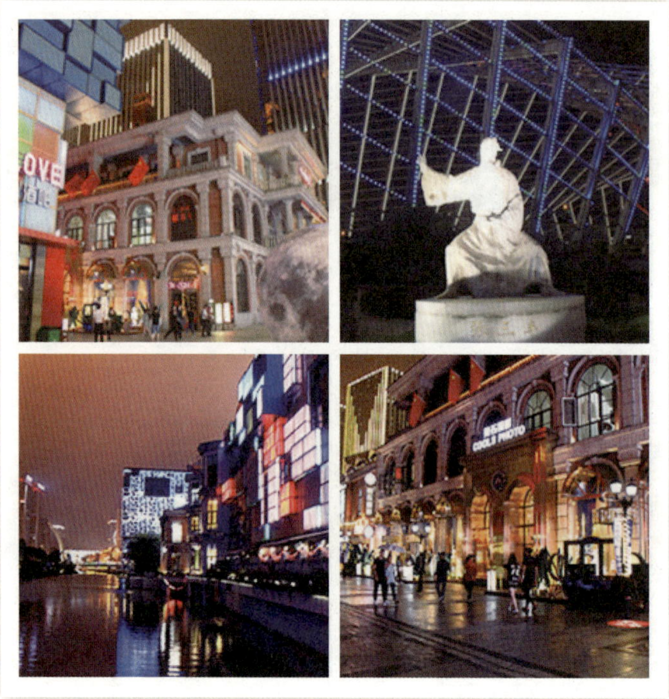

再次来到武汉，夜晚的江枫渔火是在迷人的灯影里，桥头堡的双层屋檐，四角上翘，显得俏皮，与湖北人的个性相得益彰。秋风袭来，令我想起朱自清的散文《桨声灯影里的秦淮河》，但秦淮河的水与灯影透着颓废的脂粉气，虽然美得暧昧，但美得感伤。而这里，却美得甘洌，美得清澈，美得人心摇神荡，美得让人感叹却不知说些什么。漫步在大桥中央，环顾左右，但见青色的汉江和黄褐色的长江交融着。桥下的渔船、客轮以及游轮穿梭往返，汽笛声声。在繁忙景象的映衬下是牢固的桥墩，巨型钢梁，恰似一条巨龙！桥栏杆间的花板上雕刻着古典图案，有“孔雀开屏”“鲤鱼戏莲”“喜鹊闹梅”“玉兔金桂”等，极具民族气息，一幅一幅的，严整而美观，充满了祥和的氛围。

远处还有一座武汉二桥，流光溢彩！同样透着现代的俊俏。不知道是谁写的对联，形象地把大桥和二桥概括得精美绝伦：两柱擎天，手捧阳光道，接通长江两岸。八墩撑地，背负夕阳路，誓成江汉连环。

夜深了，桥上丝毫不寂寞，更平添了些许纤巧和佳妙。

听友人介绍，现在的武汉有了新地标——楚河汉街，是一处集购物和吃饭的高档商业街，夜晚的景色更迷人。带着期许，恰逢午夜，我走进了楚河汉街。炫目的汉秀剧场进入眼帘，这是和世界最著名的美国弗兰克演艺公司合作的产物。红灯笼造型的汉秀剧场体现了楚汉文化，五座名人广场更是凸显了湖北古文化的精髓，分别为“屈原广场”“昭君广场”“知音广场”（俞伯牙、钟子期），“药圣广场”（李时珍），“太极广场”（张三丰），每个广场按照广场主题布置一处整石雕刻的名人雕塑，甚是壮观。汉街房子很有特点，有点欧式风格。人为的风景也很妖娆，风景如画美不胜收。你站在桥上看风景，风景中人在楼上看你。岸边景观绿树成荫，人行道步移景换。楚河和汉街的完美结合，堪称现代版的“清明上河图”。果然，这里夜景最美：汉街在灯影的笼罩下，霓虹闪亮，人潮如织，河面波光粼粼，游船穿梭。这里是传统与现代和谐统一的印证。这里的风是温柔的，景是辉煌的。感慨近年中国的建设，能够媲美世界各地，在砥砺奋进的征程上，不断创造着奇迹。武汉在大气中深藏着温柔，在豁达中隐藏着精致。

33. 新岳阳楼记

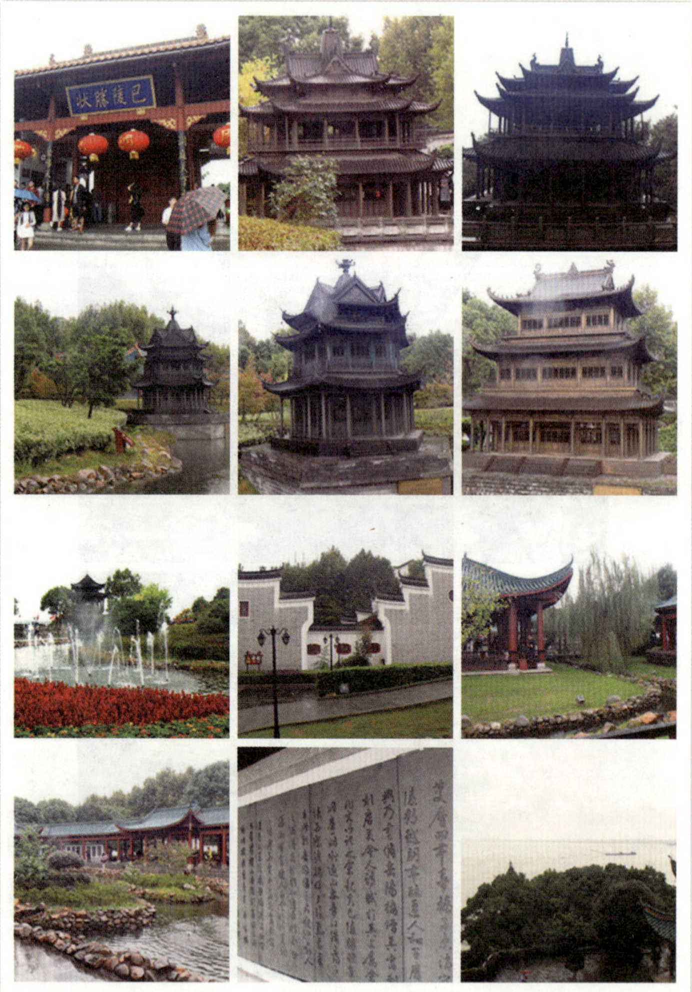
巴陵勝狀

魯

去岳阳楼，完全是读了范仲淹的《岳阳楼记》。这名传千古的名篇，其哲理精深，语言铿锵，气势磅礴，匠心独运。堪称旷世绝笔。尤其是“先天下之忧而忧，后天下之乐而乐”的千古绝句，激励着一代又一代的中华儿女。他们知荣辱，晓使命，志怀天下。不到此处，不知博大。看了岳阳楼，方能感悟到：洞庭天下水，岳阳天下楼。面对中雨纷纷，看洞庭临巴丘，通巫峡，极眺潇湘。在这里，威严耸立在巴陵城楼，左妻右儿，荣耀之至。湖光山色，尽收眼底。岳阳楼在汉时建造，到现在有1700多年的历史。其建筑优美，独具匠心，是江南三大名楼保存最完整的，它集艺术、文化、历史于一身。可以说，不管是今天，明天，还是将来，这都是文人墨客心神驰往的殿堂。微醺的我，在一阵风吹过后，略显飘摇。

岳阳楼作为中华文化的载体，历经千年风霜，震古烁今，光灿千秋。其实，洞庭湖原来不叫这个名字，而是“云梦泽”。它连接着湘、资、沅、醴四水，有着湖中有湖，湖中有山的境界。在这烟波浩渺、浩瀚迂回的天际里，到处是鸥鹭翔飞，芦叶青青。如果你在一年四季都来过这里，更能感受到变化万千，每一处都是迤逦迷人的。特别是北宋的滕子京的到来，范仲淹的名篇，更加使岳阳楼大放异彩。因为它的文化内涵被中华子孙所追崇，所以后代无不以此为激励。正因为如此，岳阳楼饱经风霜，也还在幻化着青春。虽不断地重修，但文化永葆青春。正像明朝天顺年的进士李东阳写的《书岳阳楼图诗后》：江汉间多层楼杰阁，而岳阳为最。明末的朱国珍也写道：“江南三大楼合成是三大观，楼观以岳阳为伟。”

岳阳楼真正吸引我的是背后蕴含的三国文化。因为在东汉时期，孙权和刘备的吴蜀分界就是划定在湘江。东吴的鲁肃率军驻守在洞庭湖，并在此操练水军。为了训练和检阅水军，鲁肃修建了这个岳阳楼。当时叫阅军楼，可以想见，临岸而立的岳阳楼，极目远眺，气势非凡，把个气象万千的洞庭湖尽收眼底，是何等的壮观。

岳阳楼不是一成不变的，到了明代，它已经修缮了 9 次。外观也在不断改进，现在的六边形的建筑是重檐歇山顶，共两层，是最为人知的。文人墨客浏览后，留下了不少诗篇，对岳阳楼的宣传起了推动作用。站在城楼上，能够真切地感受到三国时期岳阳楼据险而立，因城为堡，凸显战略要地的伟岸，风光虽然壮美，文人虽然吟唱，但也挡不住它的岁月沧桑。岳阳楼的附属花园也是娇媚无限，这要感谢清朝的岳州知府张德荣。他从稳固楼基出发，优化了布局，是有记载的最为浩繁、最认真的一次大工程翻修。现在我们能看到的形制模式就是张德荣奠定的，使楼与园，草与花，廊与阁充满着独特的艺术美感。

公园内的怀圃亭、碑廊、三醉亭和仙梅亭呼应着岳阳楼的挺拔，使得岳阳楼更显俊俏，重焕青春。

34．悲壮爱情之地

君山，很多人没听说过。这里的悲壮爱情故事掩映在鲜花绿柳和浪漫小径中。

君山岛，位于中国五大淡水湖之一的洞庭湖中，是一个湖中之岛。“舜帝君山留二妃”的悲壮爱情故事就发生在这里。岛上的植被丰富，四季如春。沿着湖边走，看到那雍容肥大的莲叶密集生长着。茎之粗，似雨中人撑的伞，你挨着我，我傍着你，飘逸而不失优雅。这里人不多，小店里多是卖君山银针的（又名金镶玉），据说银针茶水滋味甘醇，沁人肺腑。唐时被定为“贡茶”，专供皇帝饮用。可惜我的目标是寻找二妃墓！

传说舜帝南巡，他的两个妃子出后宫赶来和舜帝相会。至君山休息时，忽闻舜帝已死，二妃在竹林痛哭，泪洒山竹，斑斑点点的血泪渗入竹子，遂成斑竹。古有诗云：“帝舜南巡去不还，二妃幽怨云水间；当时垂泪知多少，直到如今竹尚斑。”读着都心酸。但我对二妃的了解，还是由毛主席的“斑竹一枝千滴泪”的诗句。全文是这样的：“九嶷山上白云飞，帝子乘风下翠微。斑竹一枝千滴泪，红霞万朵百重衣。洞庭波涌连天雪，长岛人歌动地诗。我欲因之梦寥廓，芙蓉国里尽朝晖。”话说二妃死后，被葬于君山，因二妃又名君妃，故将洞庭山改名为君山。

另一个美丽凄婉的爱情故事也发生在这里。相传唐代书生柳毅进京应试，落第而返，途经陕西泾河，遇一年轻貌美的牧羊女掩面哭泣，自称是洞庭龙君小女，嫁与泾河龙王的二儿子，但一直受到百般虐待，特托柳毅传封家书告知父王。

柳毅答应下来，按照龙女的指点，来到君山一口井旁用龙女所赠金钗在一棵大树下叩了三下，井中随即出来一位水神，引导柳毅进入龙宫，遂将书信递与龙君，龙宫里的人看到龙女受到欺负，整个龙宫顿时哭声大作，惊动了龙君的弟弟钱塘龙王，他打败小龙，救回了公主。龙君为感谢柳毅救女之恩，要将公主许配与他，柳毅婉言谢绝。龙女十分敬慕柳毅为人，便变成凡间女子卢氏，终与柳毅结为夫妻。为纪念柳毅见义勇为、急人之难、不图恩报的品德，后人将此井改名为柳毅井，并在井旁修“传书亭”，供后人观赏。

君山岛的绿是难以忘怀的，绿草连着洞庭湖，像一直铺到天边的翡翠色地毯。朝露如油，青草翠色欲滴。乌云的空隙出现了阳光，虽然是一闪，但也被贪婪的湖水吸收了。看湖面：横的是霞，竖的是光，光霞在天角织出一张绚丽的天网，撒下来，激起湖面波光闪闪。恰似披着面纱的婀娜女子，让人向往。

这里的每一处古迹都有一段厚重的历史，每一个故事都是一段悠久的记忆。

35. 衡山拜祝融

南岳衡山

衡山，五岳中的南岳，是五峰中最矮的一座名山。所以我不准备用脚步去丈量，而是用心去体会。弯弯的山道上进香的人很多。我不是为了上香，而是准备“寿比南山”。海南的大小洞天也有寿比南山的典故，但历史上的南山指的就是南岳衡山。南岳是著名的佛教圣地，也是著名的道教名山，山上寺庙和道观很多，但都很小，早就没有了往日的玄妙和喧哗。

我一直喜欢爬山，认为爬山就是修行。一年的劳累需要去除，而最好的释放方式，莫过于回归自然。虽然沿途未烧香，但是，被香薰影响，心中的香永旺，早拂去了尘埃。山里的雾在弥漫，给庙宇和道观披上了雾气。

海拔 1300 米，山路很宽的衡山，令我轻松登顶。想起魏源说的：“恒山如行，泰山如坐，嵩山如卧，唯有南岳如飞。”此言不虚啊！衡山的顶峰是祝融峰。这里的云雾包裹着“神女”，凸显神圣。雾与云编织的面纱遮住她美丽的脸，眼里看到的是茂盛的柱树丛丛，鼻息是飘香四溢的柱香。祝融峰隐藏在幽谷，绿浪涛涛中，我忙于拍照。霎时间，翠绿的山峰若隐若现，变幻莫测。真是“衡山苍苍入紫冥，下看南极老人星。回飚吹散五峰雪，往往飞花落洞庭。”

衡山的衡就是暗合天地人的和谐，就是中国画的布局。衡山的美，就是中国人的诗意美。整个山的结构，或晕染淡抹，疑灵虚乍起，可飞白流韵，亦重彩点朱。时闻松涛阵阵，偶闻溪流潺潺。可谓暗合无形，脱俗红尘。

虽是秋季，但这里的花不多。偶有一些小白花，有不知名的蝴蝶栖身于上，引发我的感慨：花之韵，不在夺魁媲美，不在招蜂引蝶，在于脱俗一身，不舞彩袖便倾城；花之蕴，不在借此喻彼，不在因此吟就，在于天然集一身，不点翰墨便成诗篇。

五岳全来过，四大楼也光顾了，又有了感悟：混沌之尘，朗朗乾坤，世间之大不大，世间之小不小，一扎根便是千古，好在我仙气怡然！

36．近观黄河壶口

沿着临汾弯弯曲曲的高速路，去探访世界上唯一的金黄色瀑布——黄河壶口瀑布。这是一个四季景色各异、变化无常的瀑布，蕴含丰富文化内涵的瀑布。

她依偎在秦晋大峡谷黄河河床上，瀑布一边是陕西，另一边是山西。壶口宽约30米，深约50米，滚滚黄河奔流至此，倾注沟潭，巨大的落差形成现在极为壮观的景致，仿佛天下黄河尽在一壶。滔滔黄河水，挟雷霆万钧之势，直扑落悬崖，掀起腾空黄浪，绞得周边寒彻！排山倒海的阵势，足以震天撼地。去壶口正是晚秋时节，没有黄水暴涨的奇异，但气势也是翻江倒海，水雾升空。真乃未雾彩虹舞，晴空雨蒙蒙啊！眼在观浪涛滚滚，耳在听波涛轰鸣，不由得心潮澎湃，不能自已。黄河集千里冲奔的气势，在这里汇卷成滚滚洪流，一会儿急速，一会儿收敛，但一往直前，义无反顾地注入深潭，水波急溅，激起百丈水柱，形成腾腾雾气，真有惊涛拍岸、浊浪排空、倒卷半天烟云之势，其声、势、景，动人心魄。黄河到了这里，仿佛发怒了，她不喜欢被阻挡前进的步伐，她野蛮地裹挟着泥沙，如疯如狂。她怒吼着，警告着敢于阻挡她的一切。水的柔弱，到了这里变成了驰骋疆场的勇士。水的温婉，到这里变成了拔剑张弓的侠士。两岸的黄土高坡静静地看着黄河在咆哮，那是一种敬畏。瀑布冲击岩石发出“谷涧响雷”的轰鸣。惊涛激起数十米高的浪花，像蛰伏腾飞的黄龙，那朝气蓬勃的不息生机，不正是我们中华民族伟大复兴的底蕴吗？

不到这里，不足以理解“黄河之水天上来”，蔚为天下奇观。

唐代著名诗人李白脍炙人口的诗句，让我在壶口流连忘返，仔细地品味大河奔流的惊心动魄，慨叹大自然的神奇，恋恋不舍黄河高贵的气质，任思绪随着黄河的奔腾急流尽情驰骋。

37. 拥抱邮轮

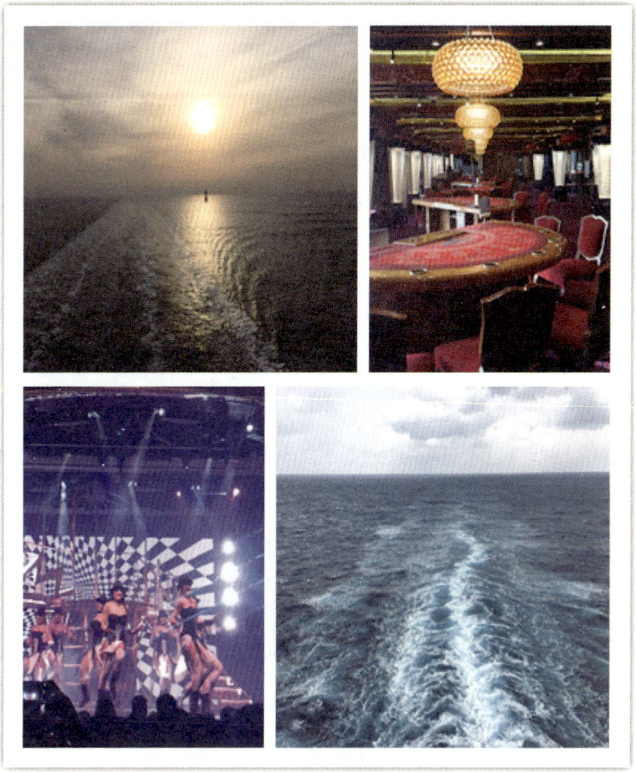

难抑胸中激情，张开双臂，将“歌诗达”邮轮瞬息拥入怀中。

这艘具有意大利浪漫色彩的巨轮，扬起雄浑的船头，轻柔地把我引入苍茫。我努力抖落尘世的尘埃，把2017年的嘈杂抛之九霄云外。邮轮缓缓地划开波涛，天际逐步打开。阳光直射下的海洋，犹如铺上一层细碎的白银。海风的吹拂，令我陡生“乘风破浪会有时，直挂云帆济沧海”的憧憬。

不过，几天的考察，我发现“歌诗达”邮轮致力于为游客提供“海上意大利”的纯正意式邮轮生活的初衷并没有充分体现！表现出的优雅时尚气息被粗糙的画布代替，低估了游客的审美！浓郁艺术氛围的广告宣传也只不过是几尊粗糙的石膏雕塑，和传奇的古罗马文化的美名实在是相差甚远，不能不说是个遗憾。

很多人晕船，除了有身体的原因外，其实还有一个主要原因，就是冬季由于洋流因素导致船体会比较晃，人容易晕船，而夏季的暖洋洋流是平滑的，相对比较平稳。这就是冬天的邮轮旅游价格便宜的主要原因！可惜知道的人不多，以为是冬天的寒冷导致低价。

还有“歌诗达”在冬季航行期间，室外的一些娱乐设施是不开放的，这也降低了一些成本。

但第一次的体验，还是令我愉悦。航行在天空之下海水之上，陆地与陆地、岛屿与岛屿之间，一群人就这样被机缘安排在了一张帆下！甲板上，陈局长给我点燃了烟斗，让我感受大海的辽阔和惊涛骇浪的同时，心中也充满了暖意。我们一起领略大海的魅力，一起目送着海上的夕阳，一起迎接着旭日东升。“歌诗达”有十二层。在一、二层与海面卷起的浪几乎可以亲密接触，三至七层是客房，这里餐厅、会所、剧院、商店、赌场等公共设施很全，顶部设有风格各异的观景露台。船顶有游泳池和酒吧间，周边回廊摆放着躺椅，船沿两侧设有贯通船舱首尾两端的长廊，你可以沿着长廊从船头走到船尾。第十二层是船体最高层，首尾两端的露台直指苍穹，你可以凭栏放目，或仰望蓝天白云，或俯瞰琼海碧波，时而被海鸥的华丽穿行所吸引。我徜徉在顶层甲板，很想看到《泰坦尼克号》杰克和露丝那样的激情男女，攀上船头前沿护栏，把上身探出护栏外边，张开双臂，做展翅飞翔状而纵情欢呼的浪漫景象。可叹的是，由于风大天冷，大多数饮食男女没有时空转换的豪情，把撞出火花的欲望放归到了二人世界。邮轮是一个封闭的“围城”。这不得不使我脑海闪现电视剧《围城》的片段：苏文纨和方鸿渐就是在这样的邮轮上演绎出了令人唏嘘的爱情。邮轮之内，吃喝玩乐，一应俱全；邮轮之外，波涛环绕，与世隔绝，活动空间囿于邮轮所限。比如，餐饮方面，虽说有四个餐厅，有各式美食，但是即使每餐换一个餐厅，换一种美食，两三天下来，也就吃遍了，乏味了。再说游泳池，虽说有两个，但空间窄小如浴池不说，还不开放。晚上，虽说有歌舞、电影、杂技等节目，但节目缺乏新意，大同小异，演员也是轮番登场。再看身边的旅伴，都是来自同一个故乡的“熟悉的陌生人”。所以几天下来，面对日渐熟悉的船舱、走廊、餐饮、娱乐和人群，原有的“审美兴奋”，便成了“审美疲劳”。

我爱大海，我喜欢大海。大海虽纳百川，但终是在天空之下。想起雨果的名句：“世界上最宽阔的是海洋，比海洋更宽阔的是天空，比天空更宽阔的是人的心灵。”我要学习这种广阔，这种大自在。学会包容！包容就像我眼前这片海，宽广而浩瀚，它能接纳一切，也能化解一切，会引导你跨越困难。大海接连五洲的博大，即使心中原有百般郁闷烦恼，也会烟消云散！

下雪了，好大片的雪花。德国烟丝的香气缓缓呼出，波飞涛溅难以抚平我内心的澎湃，不由得朗诵出：“大雨落幽燕，白浪滔天，秦皇岛外打鱼船。一片汪洋都不见，知向谁边？”

早上的日出很美。记得学过一篇巴金先生的散文《海上日出》，当时没有很深的感触，现在比照实际情景，才发现巴金先生的词句一点都不夸张，真的把景色写活了，经历过实景，再看文章时我有一种恍然大悟的感觉，确实，全过程就如同文中所说，美不胜收。

一晃就是六天。总体印象还是不错的，希望能把在甲板上看落日、吹海风的那份好心情带回家。期待下一次的邮轮之旅，地中海、加勒比海、印度洋、大西洋……开始一段浪漫美好的故事。

亲密接触了“歌诗达”，借它乘风破浪，到达我理想的彼岸！

38．云台山游记

真武大帝的真身在南顶武当山已无异议。殊不知，中国本土发源的道教讲究道法自然，和谐对称，所以有南顶武当山必然有对应的北顶存在。云台山的茱萸峰就是北顶真武大帝的行宫所在。茱萸峰的美名在历史的长河中有着太多的记录。但是人们还是念念不忘王维那首脍炙人口的七言绝句《九月九日忆山东兄弟》：“独在异乡为异客，每逢佳节倍思亲，遥知兄弟登高处，遍插茱萸少一人。”荡气回肠的诗句。全然淹没了药王孙思邈在此炼丹，发现了茱萸的药用价值的功劳。更令人唏嘘的是，在通往真武大帝的“玄帝宫”蜿蜒小路上，有一处对现代人具有警示意义的，且保存完好的“戒赌碑”也被大多数人遗忘。据说是迄今为止保留最古老的“永远禁止赌博碑”。这块碑立于清同治八年（1869 年），据说是针对夜宿峰顶彻夜赌博的香客所立，堪称一百多年前的“公序良俗”。

想亲临这神秘的宫殿，感受传统文化的内涵，必然先接受山脚下的洗礼。进入深邃幽静的沟谷，耳畔袭来的是龙吟般的巨响，仿佛在听一首美妙的山水交响乐。行走在崖石乱流处，顿有心耳涤清之感。这里瀑飞泉悬，潭幽溪清，山水含情，草木解意，自然的灵性和生命的灵动在这里演绎得活灵活现，这就是法从大道的真理。对一般人来说，这里是原始生态旅游的绝佳去处。顺着栈道进入红色岩石陡立的峡谷，忽俯身，突迂回，意兴盎然。峭壁耸翠间，是无数的潭瀑！“白龙潭”“黄龙潭”“青龙潭”“黑龙潭”“卧龙潭”“眠龙潭”“醒龙潭”“子龙潭”“游龙潭”美不胜收，参差俏丽。柔丝般的瀑水溅起的娇柔水花，云雾似的缭绕在了两岸的树木上，人们映衬在其中，更加美丽。随着脚步的迁移，瀑声渐大，转而是猛虎的怒吼和狮子的咆哮，令你不得不为此而惊讶，赞叹称奇。此处的潭水不亚于九寨沟，石耸潭间，温婉汩汩，碧绿如墨。偶有清风袭来，风皱水面，花沁人心，余笑叹之。要说水有柔情，石即是铁骨。这里怪石嶙峋，稍不留神，就会碰头。出入危石峻峡间，阴与阳的奇绝！仰望蓝天如洗，平视绿树成荫，俯视桥下，深渊万丈。在这空旷博大的大自然怀抱里，只觉得身如尘埃，心似漂蓬，如入仙境。真是无限青山行欲尽，山光潭影空人心啊！

终于登顶成功，惊回首，离天三尺三！但见群峰形似一片汪洋在天上滚滚翻涌，真武大帝的观宇森然。这里的石阶宽不过13厘米，似云梯般，腾空陡立，多了几分刺激。殊不知，道法自然的真谛就是告诫人们：保清廉似上山，定需步步用力，方能攀上高峰；纵贪欲，似落水，不用吹灰之力，终成灭顶之灾。

来到云台山，我感受到：云雾，从来最爱徘徊在重重山谷之中。而困惑，最易源起种种利益纠葛之中。只有踏着信仰的基石，执着而上，方能观云如海，听涛似浪。

39. 辽东凤凰山

凤凰山，万里长城第一山。至今，它的名气在全国范围内还不算响亮。在我的印象里，深秋丹东的山应该是层林尽染，红叶遍野。走进凤凰山，虽然山里的秋色宜人，但没看到红得醉人的红叶！

前行中，远望凤凰山像一只昂首挺胸，展翅高飞的凤凰，傲然挺立于葱茏翠柏之中。身旁不时出现的岩石题字，令我品味着古老诗词镌刻的沧桑历史，沉醉于诗词渲染的磅礴气势之中，偶听细水潺潺，闲观天边云，耳畔传来鸟鸣，泉涌般忆起那似水流年，谈笑间像找回了奔腾的青春。云笼罩着山，松包裹着山。凤凰山仿佛是一个熟睡的孩子，做着甜甜的梦。迎着秋风，沿着蜿蜒的山道，我们信步来到半山腰，放眼望去，群山悠然，云彩悠悠。那青色的松柏、黄色的梧桐树、淙淙的小溪构成了连绵不断的山水画。金灿灿的太阳初露，凤凰山的云雾变得如轻纱一般，淡淡的，似美女伴我左右。环顾四周，群峰兀立，怪石林立，有的像骆驼，有的像狮子，有的像传道高人，近70度的陡峭石阶，比比皆是，层层叠叠。在柔软如毯的草地上面，那零落的花，白的、黄的点缀在其间，松香味的风吹过，一股清香沁人心脾。当地政府说，凤凰山集雄、险、幽、奇、秀于一体，险峻尤为突出，故有“中国历险名山”之美誉。

此次登临，游览丹东凤凰山，亲身体验出步步高升，步步险；步步紧来，步步难，几步一层天。这不正好验证了人生的经历吗？来凤凰山，你能感受到不是在登山，而是爬山，从“老牛背”开始，你能体验到手脚并用，四肢着地，甚至匍匐前行，一会儿翻转拉伸，一会儿扭腰弄胯。这时的你，不似猴子般的灵巧，而似壁虎似的贴地位移。身边崛起的陡峭山岳，像披着五彩羽毛的凤凰仰天长啸，眼前的风景立刻变成一幅美丽的凤凰涅槃图。我很喜欢神奇独特的箭眼峰！

它为凤凰山第二高峰，海拔822米，与神马峰相峙，两峰之间有一个很大的孔洞，高约5米，宽约4米，由数块巨石相拱而成，从山下遥遥望去，好像巨箭穿过，故曰“箭眼”。没的说，拍照留存吧！下山走栈道，一步一景。山峰削壁架空，藏奇露险，蜿蜒曲折似一条腾空而起的飞龙，构成一条回环曲折的旅游路线。行走于栈道，抬头苍峰屏峙，低首流水潺潺，在此沐风、听涛、观景，深感大自然的造化与人工的雕琢完美地融为一体，无不叹为观止。

40．游老君山

近十年来，常驾车赴江南。每每路过河南的老君山，都未曾游览。早知晓老君山的山顶老君庙有“南有武当金顶，北有老君铁顶”之说，更是向往已久。国庆长假来临，乘兴前行。

老君山以峰秀、林密、径幽、洞奇著称，以雄、险、奇、秀而闻名天下，据说道教始祖老子曾在此归隐悟道，于是这里成了著名的道教圣地！明代万历皇帝曾称其为“名山”。听说有眼福的人爬到老君山山顶后，驻足观景台，可以望到西岳华山。

老君庙
敕建老君庙

健步跨过山门，石阶上的老子铜像，像在欢迎宾客，从容淡定，眼神透着深邃，反衬出深谷空灵悠远。连绵起伏的山峦被遮天盖日的绿树和断断续续的红叶覆盖，形成不可多得的天然氧吧。云朵像是被幽蓝的天关进栅栏似的，不再四处漂泊，凸显萌态。游人如织，任由欢歌笑语塞满耳朵。缆车到了中天门，见证了一元钱吃午饭的奇迹。好在心情马上被大山壁立，异峰如塑，怪石纷呈所吸引，著名的“十里画屏”就是在这茂密的林木中，郁郁葱葱的灌木，绿遍山野；白云像织缎般飘来，让青翠的山峰似隐若现，尤似千帆竞渡，进而泛出青翠的新绿。绿色是从山下向山上漫浸，掩盖了神秘幽深的山谷，遮住了峭拔峻奇的群峰，满山被染成了一片绿的海洋。秋风袭来，绿波起伏，如仙女铺下的一匹绿色锦纱，把大山装扮得更加雍容华贵；高耸的几座山峰被蜿蜒的栈道连接在一起，一如世间的舞者，向大自然展示着挺拔俊秀的英姿，也袒露出厚重博大的胸怀。老君山的古松遒劲，老君山的怪石是坚挺和兀立的结合体；有的铁骨铮铮，有的青筋暴凸，有的桀骜不驯，有的鲁莽蛮横。

游走在蜿蜒的小路上，观千山万壑，看飞龙走凤，感觉远近高低，景色迥异，构成一幅波澜壮阔的图画。

老君山是伏牛山脉，与太行山比较，尤现大气磅礴，壮美飘逸。四座山峰相依相偎，雄浑苍茫，翠峰秀嶂，形成了一处处天然奇观，一步一景，异彩纷呈。

漫步老君山，时而碧天丽日，时而云遮雾罩，令人心旷神怡。老君山不愧是道教的圣地。在峰岭沟壑中，无不体现着智慧，注入了数不胜数的文化元素，从而使得这座巍峨大山在世人的眼里有了格外厚重的分量。满山的悬崖峭壁，犹如老子《道德经》阐述的一样：物形势微，难致风雨，但可观云识气，辨别星宿。也可以让我们找到心灵中的殿堂。老君山金顶道观建筑群依托山顶修建，占地11000平方米，全部采用明清皇家宫殿式建筑风格，特别是五母金殿、亮宝台、玉皇顶三座金顶，更是老君山道观群落的点睛之笔。登上每一座殿宇，凭栏远眺，登高遥望，只见峡谷深悠，曲道若溪，赤峰如柱，碧林苍莽。阳光照射在明黄色的大殿之顶，灿烂辉煌。当风云微动时，寰宇间，蓝白流转，金丝雪灿，恍如仙境。人在其中，与天地共融，亘古恒长。

赞美之余，突发感慨：借得山川秀，添来气象明。人生难随意，观景亦抒情。

老君山有个奇特的规定，姓李和姓张的游客可以免费游览。为什么姓李和张的游客免票呢？因为老子叫李耳，道教是我国重要的宗教派别，老子是道家思想的创立人，同时老子也被认为是李姓的始祖。而老子的弟子张道陵是道教创始人，所以这对道教是一件很有意义的事情。

41．织金洞游记

织金洞，目前被考证为国内最大的溶洞。我从洞口进入，一路曲曲折折，不时蜿蜒前行。织金洞分 3 层，洞中套洞。时而曲径通幽，时而豁然开朗。在洞中游览共用时近 3 个小时！

织金洞内没有其他知名洞穴绚丽多彩的灯光，最大可能地还原了洞的原始风貌。但是细看起来，明暗深浅，浓淡轻重，各具特色，偶尔还能见到粗壮的竹笋，似在茁壮成长。

高原上的洞穴与平原不同，更多是依崖傍洞，紧密相连，但风姿各异。洞中的石笋、石柱有的贴壁凌空，有的错落有致，精彩纷呈。有的岩石像古家具一样，飞岩翘角、延壁镂空，仿佛再现了红墙青瓦的殿阁楼台，顿感气势宏伟。造型独特的钟乳石，与悬崖、暗河、平地、岩畔、溶洞天然合成，融为一体。特别是在织金洞的中间，有一个似足球场的一块大平地，是全国没有的，世界溶洞也罕见。

纵观整个大溶洞，悬崖壁立，飞瀑流泉，石树林立，石藤缭绕，雾霭流岚；河道蜿蜒曲折，漂石如林。数不胜数的静静小河，碧潭密布，悦耳的流水声，扬雪溅珠，使人打起了精神；河上各式石柱造型奇特，河下仿佛鱼翔浅底。四周自然景观和人文景观十分丰富，引出许多历史的传说！著名景点有：将军盔、狮身马、骆驼峰、五雷击鼓台、一指擎天、时空隧道、凤冠石、龙须潭、鲤鱼跳龙门、观音讲学。还有原生态的石部落、原始次生林，金洞河之险、奇、秀、幽令我叹为观止，流连忘返。

有些地方还在建设开掘，但听到远处水流湍急，浪花声时隐时现。我畅想，深潭处，定是碧水悠悠，倒影如画，只能假以时日再去游览吧。

洞中套洞的织金洞，地势险峻，景象甚多；河床中怪石嶙峋，似人似物，莫不逼真。各种人物的故事传说更具传奇色彩；层峦叠嶂的景和石笋悄然结合，恰似天穹。有的钟乳石平光如洗，映在水里似是一面镜子，有的中裂一缝，仿佛是一把利剑。

一路的钟乳石映在水中，浅浅的水面托起无数错落的石山、石崖、石壁。婆娑多姿的石影与人影相叠，不知道是人间还是天堂。而在这些石壁石崖之间则贴着无数的星斗，令人暗叹大自然的鬼斧神工。

我在洞中游，宛如空中漫步。我在画中秀，暗祝有成就。

42. 天台山石梁

不管岁月沧桑，无论人间百态，美丽的传说总令人神往。

济公，一个和关羽一样，披上了异彩的人物，就出生在天台。提起这个佯狂度世、惩恶扬善的济公佛，大家都会想到灵隐寺。其实济公作为一个南宋时期的人，他出家并成仙是在天台山的寺院里。我步入这景色迷人，但景点分散的大山里，去寻找那个“不诵经，不谈禅，不守斋规，专管人间不平事；无挂碍，无恐怖，无边法力，要救天涯无辜人”的传说。

天台山确实是风光绮丽秀美，人文景观尤为著名。但济公的影子在这大山里无处不在！无论是赤城山的“济公佛院”还是国清寺的梵宫道院，都为胜境增彩添色。这里是佛宗道源的发祥地，故此山水神秀！清静幽雅的琼台仙谷尤显嘉祥之美。身临其境，方得“龙楼凤阙不肯住，飞腾直欲天台去”的真谛。

天台山好大，好巍峨！我最喜欢的是这里的石梁飞瀑。这里山峦灵秀，岩壑雄奇，瀑布绚丽，林泉幽深。有“猿猴品茶”的乐趣，有“官印第一”的霸气，更有那“神来之笔”的巨大天然石梁。

鬼斧神工的石梁，横贯两峡谷，仰望之，有“万重青嶂立，千丈素流分”的豪迈。山顶右侧的寺院就是济公首次出家的庙宇。此庙宇不大，但建筑别具一格，嵌镶群峰间，山光岚影，别有风情。法堂、藏经阁、后殿、东西厢房、方丈楼等都与其他寺院无异。值得大书特书的是这里的五百罗汉堂，这里是五百罗汉最早“显化”之地，故此是国内庙宇罗汉堂的正宗。

济公成佛后，就在这里再世！

石梁的瀑布倾泻而下，飞流直下至半壁时，与巨岩碰撞，水流碎成无数晶花点点，飞雪状飘落，经日光照耀，便会出现一道长虹，蔚为奇观。发出阵阵闷雷般声音的水帘，仿佛从天边滚动而来，眼前是水汽弥漫，仿佛惊见银河。

石梁飞瀑景区其实不大，树木不参天，但绿得青翠。不知是潭水沐浴了树林，还是灌木染绿了一泓秋水。一路上，都是云涌涛激的溪流。虽然不是巧夺天工，但也是世间罕见了。

游人议论最多的就是济公，一些大胆猜测真的是奇特卓绝，令人遐想。要出山门了，回首石梁。见其高挂入云，飞瀑九天，仿佛银龙从天而降！叹服米芾的“第一奇观”四字石刻；更为康有为的“石梁飞瀑”叫绝。

43. 雁荡山有一个观音洞

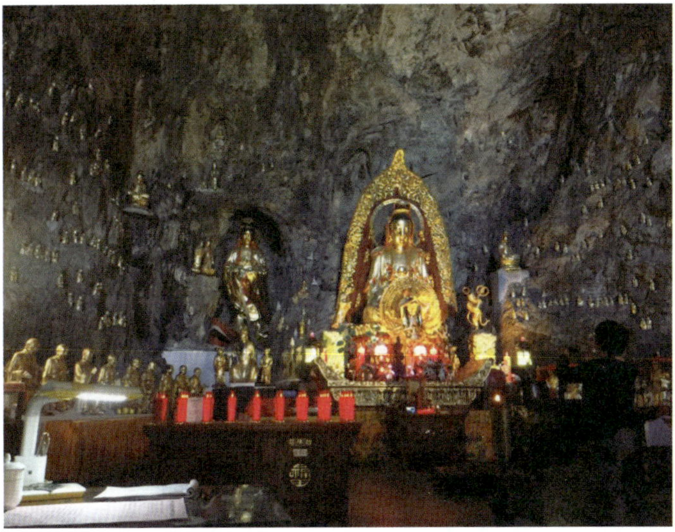

雁荡山风光绮丽，远近闻名。来到雁荡山，感受到了错落有致、伟丽异美的“海上第一名山”。

我青睐所有山峦的洞，故此查看了雁荡 46 洞，以观音洞最高。信步游走于灵峰，置身观音洞中。说是洞，但内室很大很高。古刹依洞而建，四周峰峦叠翠。观音洞嵌于合掌峰中，洞内佛楼倚岩而建，高达 9 层。沿石阶上行，能直达最顶层的大殿。里面供奉着观音，莲台四周雕梁画栋，古意盎然于眼底。有一处洗心池，引起我的注目，只见水质清冽，水流潺潺，不必言喻，禅理自明。

我是喜欢水的，对水有关的一切都是没有免疫力的。雁荡瀑布的水量随季节的变化而增减。风力的大小，也能使其形态变化。风大时，如匹练横空，银河倒挂；风小时，似珠帘成串，烟雨霏霏；无风时，凌空飘洒，随意作态。

雁荡瀑布很多，以大龙湫最负盛名。徐霞客曾在游记中写道："怒涛倾注，变幻极势，轰雷喷雪。"我对徐霞客的评论不感兴趣，道理很简单，几百年前的雁荡瀑布肯定比现在的要壮观。现在的大龙湫声名在外，是因为奇峰险嶂，飞瀑如练，与贵州黄果树瀑布、黄河壶口瀑布、黑龙江吊水楼瀑布被专家称为"中国四大瀑布"，这才是游人如织的原因。站在"天下第一瀑"的大龙湫瀑布前，看到水从连云嶂飞奔而下，落差达 190 米，变幻莫测，蔚为壮观。

雁荡山美名已久，在山峦中穿行，抚摸着千姿百态的怪石，脚踏着木桥、石桥、吊桥，感慨大自然的壮丽景观与工匠们精心制作的人文景观交相辉映，完美地展现了雁荡山瑰丽的风景，不得不赞叹。

游历过雁荡的名人有很多：谢灵运、康有为、张大千、沙孟海、郁达夫、郭沫若、舒婷等，都曾留下不朽诗篇和墨迹。赋予了雁荡山情感的温度。

雁荡的千岩万壑，用窈窕苍秀的身姿续写着历史。仿佛沧海桑田在此刻已定格，使雁荡山水间蕴含古风，增添了无穷魅力。

44. 鲜为人知的梭布垭石林

名气没有云南石林大，但低调的恩施石林确实是一个值得一去的好地方。“梭布垭”名字，令人好奇。路上一位女士称其为“索菲亚”，更仿佛是一个国外景区。

漫步游走于景区内，“溶纹”“浪纹”“叠纹”景观，是它独特之处，简直就是奥陶纪时期的奇石大荟萃。

四周石石环绕，峰峰竞秀。漫步石林，隐身在奇岩中，藏身在怪石后。我好似遨游海底迷宫，摸摸峭壁万仞，望望石峰嶙峋，好似带领千军万马，又像在古堡幽城中做起了国王，这里有飞禽走兽的石像，富有韵味的传说，把石岩勾勒得栩栩如生，构成一幅神韵流动、蔚为壮观的天然画卷。

眼前的怪石有的形若苍鹰翱翔，有的酷似少女含情，有的恰似狮虎相争，有的装扮成云石朵朵，有的身段多姿，至于峥嵘雄奇的巨石和鬼斧神工的怪石更是比比皆是。最有趣的是一条很长很高的地缝，迂回曲折，犹如迷宫，黝黑色的褶皱石层神秘莫测，阴森恐怖，即使是大晴天，也使在地缝中穿行之人，顿生恐惧。盘转一段后，头上只见蓝天一线，耳畔迎来泉水淙淙，但双眼难觅水踪。整个石林，和云南石林有了极大的反差，不仅仅千姿百态，而且万种风情，令人叹为观止，溶沟的纵横交错，形成魔幻般的石林迷宫。我喜欢的是磨子沟景区。景区因一块形似磨子的岩石而得名。传说是天神为了考验一对夫妻，从两座山头推下两扇磨子，二人需合力把磨子合到一起，才可结婚，而且一旦结婚，天神会安排神兽来祝贺。这个具有中国特色的神话故事，在山川秀水间表现得淋漓尽致：磨子交汇的地方叫磨子沟，磨子滚过的地方叫响水洞，神兽朝贺的地方叫熊掌洞、大狮子湾、九龙聚会等。石林之美，不仅仅在于外形的独特，深刻的人文内涵，更为其增添了无穷的魅力。作家莫言到梭布垭后，挥笔写下“万卷石书”，我感叹天下竟有如此奇观，遇此景，此生无憾！

好久没写游记了，但不得不赞美梭布垭。因为赞美是美德的影子。梭布垭的石林原来也是山的一部分，它们不会因为离开了山，就没了棱角。不会因为远离了大山，分散到此而改变了山的庄严。它们远离了山的依托，没有了山的高度，但它们岿然不动。

45．大溶洞之冠

有一句话说：“山登喜马， 洞进腾龙。”我就是歪打正着地进到腾龙洞。

沿脚下高高低低、弯弯曲曲的黑褐色石板道向前走去，就被“卧龙吞江”震撼了。大清江的平缓水流在怪石的裹挟下，来到了狭窄陡峭的洞口后，猛然逼仄，性情大变，突然就幻化成了洪水一样跌宕而下，吼声如雷，气势磅礴。虽然落差只有三十多米，但水量极大，显得气势磅礴。当地人为它命名为“卧龙吞江瀑布”真是贴切。

来到一个大洞口，仿佛置身宫殿中。也许真的是太宽阔了，洞的地面有多个光洁如镜的浅潭，把洞壁、洞额以及洞外的山峰倒映进来，当地的人说像唐僧取经，我没看出来，倒觉得如万丈深渊。

一路很平坦，溪水不断，水碧绿如缎，风光秀丽，在灯影的映衬下，诗意盎然；转过一弯路，两岸山峰耸峙，波光峰影，丛林相映，充满诗情画意。田园风光尽收眼底，令人心旷神怡，叫人流连忘返。在溶洞深处， 有一个天然穹隆溶洞大厅，呈现出一种古朴、原始、自然的环境氛围。洞内夏凉冬暖，气候宜人。这是一个溶洞的王国，奇洞异窟，星罗棋布；象形山石，栩栩如生。越往里面走，越是奇景连连。千娇百媚的石幔、石花、石莲包围了八方游客。洞中有山，山里有洞。水洞旱洞相连，主洞和支洞相通。洞内不仅仅蜿蜒曲折，而且跌宕起伏，众多的石灰岩在天然水和地下水的溶蚀作用下，形成了极其奇特的石林景观。洞内钟乳石比比皆是，形态各异，石针、石矛、石笋、石柱、石瀑，被彩色射灯装扮成红、黄、白、褐和紫色，如玉似翠，景致诱人，色彩绚丽，扑朔迷离。高低悬殊的山，在洞里凸显空间宏伟开阔，景观层次愈发丰富。

溶洞群原生无琢，千姿百态，玲珑剔透，水乳交融，富丽堂皇！总之，这里的溶洞群是山水哺育的精灵，是柔弱战胜刚强的典范，是一首天地共鸣的神圣交响乐。我想起“山重水复疑无路，柳暗花明又一村”的诗句，在这里得到淋漓尽致的展现。特别是那座晶莹剔透的小岛，形状完全和我们祖国的神圣领土台湾一模一样！

曾经去了贵州的织金洞，觉得不再看洞！但腾龙洞真的是要去的。

46．白果树大瀑布

三峡大瀑布并不在三峡旅游线上，所以名以“三峡”是因其离三峡大坝不远，其实，它还有一个美丽的名字“白果树瀑布”。

白果树瀑布以瀑高、景秀、山险、水清见长。想见到这个高达102米的大瀑布，要行走于峡谷间。大约2公里的山道，如长龙盘绕，周边峭壁似剑劈斧削。阳光时隐时现，一会儿璀璨闪烁，一会儿霞帔满谷。悠长溪谷有不少绿水翠竹，树木郁郁葱葱，是天然大氧吧。穿行吊桥后，到了野人谷。这里独特的峡谷溪流，送来阵阵凉爽。身在青山叠翠、碧水潺潺的环境里，不由得心旷神怡。涧壑生风，润滑面颊，好不惬意。沿途欣赏着“飞鱼衔瀑”“奥陶塔石”“秀水长廊”“鸳鸯水车”等景点，丝毫不觉得疲惫。栈道逶迤绵延，我觉得白果树大瀑布具有雄、秀、险、奇的风格。区别于其他峡谷瀑布的是它的原始、古朴、野趣、无污染，没有人工雕饰，全是大自然的造化，秀丽而又神奇。我逆水而上，眼见山不同，水各异，色彩缤纷，美景处处，让人应接不暇。饱览了“寒武天书”“五桃献寿”“神龟迎宾”“妙笔生花”“地球年轮”等景观后，大瀑布就在眼前！

瀑布高挂，飞流直下，水珠拂面，和蓝天白云相映生辉。瀑布下面是瀑布潭，潭水接近瀑布处白沫翻滚，皑皑如雪。整体山石之中，天然形成一个回廊，白纱般的瀑布就在眼前舒展开来，这里可以零距离接触大瀑布！来感受山崩海啸般的阵势，体验水花弹雨式的“袭击”吧。奔腾不息的白果树瀑布，毫无私心地沐浴着每一个旅游者，它丝滑的水帘在层层叠浪中，与人亲密接触，汇出一首欢快的歌。

“山光悦鸟性，潭影空人心。”回望瀑布，静观瀑布飞流直下的雄姿，聆听虎啸龙吟般的巨响，你会觉得自己完全与瀑布融为一体。

只有心和灵山秀水融为一体，才能感受到真正的白果树瀑布的风光。

47. 玉泉山拾贝

庭树萧萧景目深，无言徘徊。君不信，望西山回首。

湖色残影断盈，寒涛残绿空极目。恐凄凉绝塞，暗含惊雷。

山深日易斜，落日万山寒。柳涤撑几许？望眼几泛黄。

玉带只为多情设，料应情近，还道有情无。

48. 向水学习

走进多彩贵州，印象最深的就是水。

不管是小溪潺潺，还是磅礴的大瀑布，水气始终浮动在空中。使我怀疑我们国家到底是不是水资源匮乏的国家？据我所知，地球水资源约有13.9亿立方千米，其中97.3%是咸水，2.7%的淡水中又有69%以冰雪形式存在。只有很少的水可供人们使用。而在贵州，水多得超出我的想象。

在崇山峻岭中，每一滴泉水桃花源般地打开了生命的大门。晶莹剔透的水，不知疲倦努力地冲击着磐石，撞击着红土。无处不在的水啊，化作无数个大气的水滴，如皎洁白玉与绿丛、红岩融合。大瀑布以倾水之势，在阳光照耀下，灼灼其华，熠熠生辉。看那条条水龙，飞流直下舞弄着少女般的腰肢，动作潇洒，既在情理之中，又在意料之外，落地成潭，形成大江大河的源头。

山间狂奔的激流，放纵着，喷薄而出，气势磅礴，好像成千上万匹骏马踏着滚滚红尘飞奔而来。远远望去，仿佛吐出巨型花翼蝴蝶，演绎成朵朵白莲。如果给它们以灵性，就能洞穿世界！

水虽说是无形之物，但有上善之境界。只要轻风拂过，必能使其涟漪四浮。只要水量足够大，不管九曲十八弯，也能一泻千里，浇灌出华夏沃土，孕育出人类文明，从而赋予人类以灵性。在这里，面对游离的水珠，体会着“滚滚长江东逝水，浪花淘尽英雄”悲壮的现实，是水演绎了一曲曲英雄颂歌。水，流过历史，穿越了时光的沉淀，流淌出它的变迁与更迭。我们从水中汲取灵性，升华斗志。

小时候，印象中的水是柔而多变的，不论你把它装在什么容器里，它总能变成容器的形状，适应着一切外部环境。这不禁令我想到《红楼梦》中贾宝玉那句名言，女人是水做的。由此感知宝玉身边的女人们似水一般温柔的性格。

关于水的智慧更是数不胜数。望着水，唐太宗说出了他关于民众与政权的著名论断，水能载舟，亦能覆舟。望着水，睿智的哲人感悟到“一滴水足以见太阳”。因为水，我们耳边多了一句“逝者如斯夫，不舍昼夜”的励志名言；也正是有了水，中国博大精深的处世哲学中平添了一条“以柔克刚”的准则！此时的水，早已不再是一个平平无奇的自然物，而更像一位拥有无限智慧的老者，正缓缓向我们道出事物的真谛。古语有云："君子之交淡如水"，可见在处理人际关系中，水也是一种衡量标准，一条很高的标准。渠清如许，这是一个人的处世态度，是与人交往的准则，更是为国家民族奉献的最高境界。

水有时是静默的，那是一种对生活的最高诠释。这个世界最普通又最珍贵的是水，因为水承载了人类数千年的文明，所以它源远流长。每个人都爱水，爱它的清秀，如明眸皓齿的少女。爱它的豪迈，如所向披靡的勇士。有人喜欢把时间比作水，是取其奔流不息之意。有人把情感比作水，是取其温柔美好之意。有人把月光比作水，是取其空灵澄澈之意。

聆听水的乐章，它时而低沉浑厚，时而高亢嘹亮。你是悲伤的心境，水就有《二泉映月》的哀婉缠绵。你若人逢喜事，水就有《高山流水》的清新明快。你是情感高手，就有《蓝色多瑙河》的欢畅跳跃。水，不仅仅满足人的生理需要，更赋予人以艺术的灵感和饱满的精神。

水的脾气最温和，晶莹剔透的水永远是万能调和剂，最好的合作者。清爽的可乐，香甜的果汁，浓郁的高汤都是水的载体。

道家认为，天下柔者莫过于水，而能攻坚者又莫过于水。水教人真诚，正如聚集在荷叶的雨露，透明纯净，折射出太阳的光辉。"水滴石穿"教会了我们只要肯坚持不懈地努力，任何困难都将被我们踩在脚下！

冬天，滴水成冰。夏天，滴水成流。而百流成川，千川汇河，万河成洋。这就是包容，这就是团结的力量。

49．凤凰古城之夜

新春的足迹留给多彩贵州，踏向湘西。西南地区的民风多样，是由于众多的少数民族和谐地聚居于此形成的。疾风骤雨般探寻了四个古镇，被古风犹存的小镇所感染、所震撼。若有所思，若有所想……

古老的江河穿镇而过，江两岸的街道以青石铺砌，青砖灰瓦的房屋错落有致地分布江岸两侧。多个圆拱石桥横卧江河两岸。油绿的江水上，渔帆点点，桨声阵阵，桥上游人如织。漫步在青石板上，轻柔的江风拂过脸颊，眼前则呈现出一番“小桥、流水、人家”的江南风情画卷。 江两岸的居民们，推窗就可以与对面的邻居道声早安！构成隔江相望的温婉水乡画卷。叶叶小舟和油亮的石条板是他们出行的保证。江上映着时隐时现的云，江中鱼虾悠闲地游动着，与蓝天、碧水、野鸭、晚舟，形成绝妙的水景世界。

无论是镇远古镇，抑或是千户苗寨，或是吉安古镇，都与凤凰古镇相得益彰，遥相呼应，颇具水乡的美学意韵。遇晴日，蓝天如洗，白云飞渡；彩霞映空，水流风动，更有神爽飞越之韵。几天来的疲倦，被水乡风情、自然风光所融化。斜阳初挂，漫步阡陌，迎着夕阳，寻找晚霞，伴着古老的建筑物群，能产生思古之情。

古镇的江河都是从镇中穿过，河湖串联，水路交错。彩灯亮起后，瞬间人头攒动，挨挨挤挤，如蚁如虫！人不分南北在这里聚集，难得的清明上河图啊！江面上渔歌迭起，号子声声，热闹非凡。不禁感慨当代经济的发展、文化的交流，使这片土地迅速地繁荣起来，形成了古镇文化。

江浙一带的古镇，多是婀娜多姿、风景秀丽。西南的古镇更是多了一份质朴和稳重。这里黛瓦粉墙绿柳，是一幅原汁原味的多彩工笔画轴。我发现西南古镇格局独特、风貌完好、文化深厚、民风淳朴，道家易理深藏不露。无论是名人故居，还是一般大户人家，走进去，必然发现：依地形设山理水，形成内外两园。凿池栽芰，叠石成山。碎石铺路，苍松翠柏，半山绿竹，半山松径，山路回转，小巧而又曲折，宛然一座大盆景。粉墙相隔，多以漏窗相通，似隔非隔，内外园湖光山色，相映成趣。无不蕴含人们相处之道。步移景异，颇具匠心，正是人的生理欲望有限，心里欲望无穷。

西南之地虽然地处边陲，但人文历史浓厚。在甲秀楼，我一一细读南明史，脑海充斥着当年的刀光剑影，悲喜人生。四大古镇不仅留下了林则徐、吴敬梓、王阳明、周英、奢香夫人等历史名人的足迹和故事，更有我党红色基因的再现，在此演绎了可歌可泣、荡气回肠的故事。近代文人辈出给西南多了一抹彩虹：沈从文、黄永玉、龙云飞、田明瑜、何继光、杨炳莲、顾家齐等。

20 世纪 80 年代北影凌子风把沈从文的《边城》拍成电影，使这座西南凤凰古城一夜成名，沈从文把魂梦牵系的故土描绘得如诗如画、如梦如歌。使人读后如醉如痴，也将这座静默深沉的小城推向了全世界。

四大古镇都有吊脚楼，这是当地的水势和山势决定的。我向吊脚楼的窗外看去，有种世外桃源的感觉，仿佛那些城市的喧嚣都与我无关，任何负面情绪在这里都能被那些淳朴和快乐感染得一丝不剩。

50. 梦回大宋

仁
義

福
状元
状元

不经意间，把梦中对你的思念，与现实接轨。穿越千年的历史游廊，把你搂入怀中。你的体香已逝，但隐约还能感受到你的细腻和多愁。

岸柳还在沉睡，羞涩的三角梅沁着馨香。我仿佛左手牵着对月当歌的东坡先生，右手拉着放荡不羁的辛弃疾，潜行在花灯丛中。虽寒意尚在，但心里早已“华彩张灯是良辰，未到宋朝一半春；异彩纷呈披锦绣，尚劳点缀贺灯神”了。

中州大地“柳如烟霞春日暖，日暮游人犹未散。禹王台畔疑无路，前车不行后车满”。此刻，我只想用手轻轻抚摸眼前的红墙绿瓦。锋利如弯月的檐角，朝向我无法仰望的高度，恰似我敬仰大宋朝的心境。

几缕梅香袭来，像极了大宋的韵味。周围曲水流觞，掩阑清歌，花光月影，情愫缠绵，好一个太平盛世！

散漫的回眸，看到的是新岁继欢，红满天地。人们娇态沁心，琼玉悄访。好一个祥和新年！

放眼望去，这里高挂彩灯千盏，河中漂着浮灯，河上燃灯数百，水面霞光回旋，空中成了飞霞的河，河水成了映霞的天。好一个水天一色，喜气洋洋！

喜欢大宋朝，无论是诗词、歌舞、理学、书画、建筑、美食、园艺等，都达到了历史新高度。

只是时光流逝太快，或许是激情燃烧过旺。不敢陶醉于烟花雪夜的城郭，指望岁岁有今朝。正是：意回大宋思绪拓，别心裁处豪笔落。空山撷雨晴何在？喧畅江山太平祚。

51. 禅境庭院

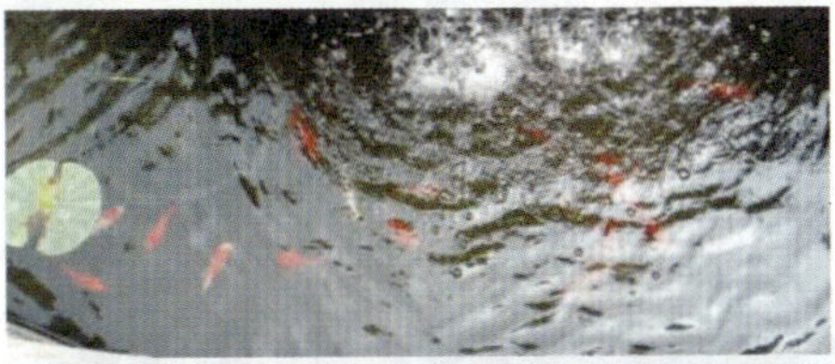

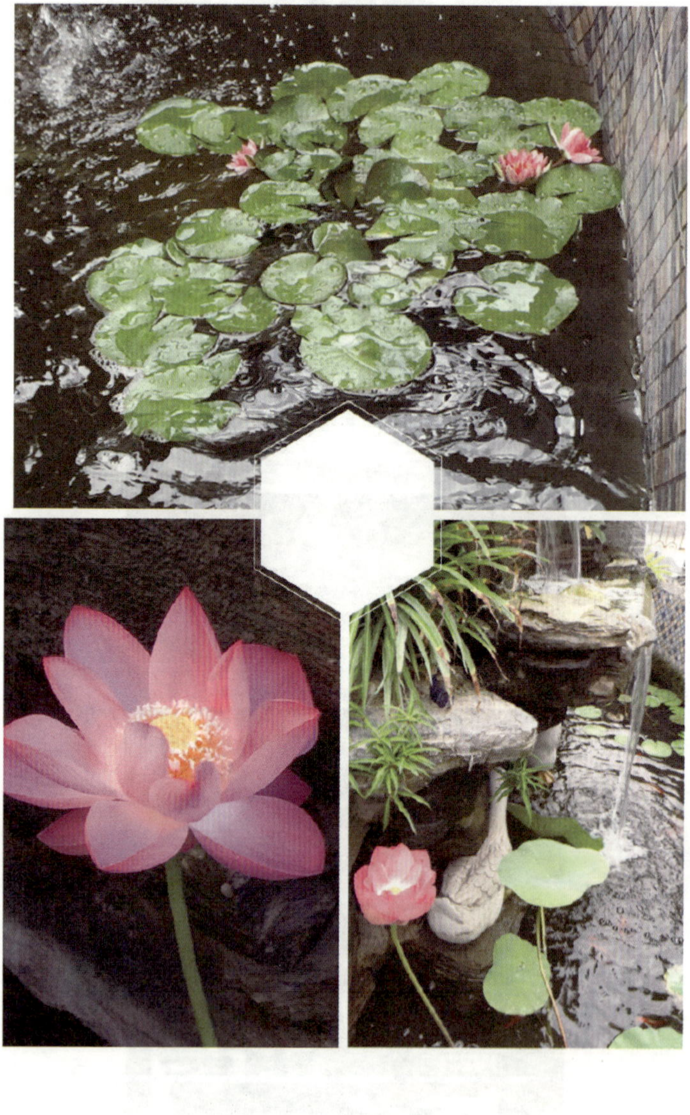

夏日炎炎，数日不见，我家小院的荷花绽放，泉水潺潺，莲花掩映在浮萍里，水鸭静目观望，兔夫妻其乐融融。

黄瓜已成形，鸟语花香。在山楂树的绿荫下，一把躺椅，一袋烟，好一个清凉世界。忙碌一周，躲进小楼成一统，管它春夏与冬秋。敞开思绪，胜却人间无数！

看着亲手设计的山山水水，花木菜园。想必陶渊明在世，也不过如此吧！望山，浮想联翩，望水，想入非非。看莲，心境如绵。看荷，心潮澎湃。

人无常势，水无常形，繁华过后皆云烟。山一程，水一程，走过的都是春秋，看过的都是浮云。永恒的是目前的一切。此时张开双臂，尽情拥抱花开的幸福，悄然领悟每一片绿叶的郁葱。看淡了春秋，自然看淡了如梦的浮生。就像这荷，曾惊叹其出淤泥而不染的美丽，可却只有几天的荣耀。它的倩影或许更像昙花的娇姿。莲的生命，也会迷失于夕阳的曚昽之美，很难永远展露它的光芒。而生命的繁华，在此情此景里，有了更多的安逸。这种感情叫云淡风轻。在夏日的热情里，我驻足我家的池塘前，看着一只只莲蓬。在水光潋滟，山色空蒙之中，在那湖光山色里，似乎闯进了一个轻纱似的梦，于是撑一支长篙，向青草更青处漫溯。只是一切宛若一闪而过的念头，某个曾经空缺的时段，如同蝉声一样远不可闻。明明知道有些东西被忘记了，却不知道忘记了什么。像黎明前的梦一样稍纵即逝，这种感觉莫名的亲切。

或许在花开的季节，有赏花的心情，感受夏天的微风，轻抚嫩嫩的青草和树叶；在酷热的夏天享受一场豪雨后随之而来的清爽；为秋天的丰收做准备。品味秋天来临前最大的灿烂；在温暖的窗户后伫立，欣赏满园奇景的纷扬、轻盈、姹紫嫣红。我用诗意的眼光迎合着盈裳，满目云淡风轻；看小溪潺潺，波澜不惊。

一朵花里就有一世界的愿景；一片叶子就有一如来的智慧。

佛陀拈花，迦叶微笑。禅宗最初的愿景，不是正在我这里展现吗！

在禅的境界下，虽一滴水，而具足百川味。

我的思绪被打开了：

明代石涛曾说：“一叶一清净；一花一妙香。”

所谓“一念心清净，处处莲花开；一花一净土，一土一如来！”

我爱我家！

52. 咏春

莽莽苍苍的林木在河水的咏唱中，迎来了啁啾展翅的鸟儿。

这盛放的春花，真乃花本味，香袭人。

雨洗娟娟秀，风吹片片香。

花艳木盛，到了“花海摇怡尽翻裙”的境界。真是“一里花木，十万人家”。

非亲临者不能品味，非亲自者不能思想。香花不语蜂自来，芳婧飘香外。

53. 新芦苇荡

芦苇荡，黄色的芦苇荡，一望无影，万里无垠的沙场。

记得少年时期，中学课本中孙犁的《芦苇荡》曾使我在课堂上出尽了风头，当时语文老师知道我酷爱文学，叫我在课堂之上大声朗读此文。记得我当时并没有把此文朗读好，倒是自己的思绪早已飞向了北方的白洋淀……

成年之后，拍摄《西游记后传》时，我已经成了制片人。来到了甘肃的张掖，再见芦苇荡！只是想再好好品味芦苇荡。

若干年后，带着京剧《沙家浜》的影像，又来到江苏常熟，再次见到芦苇荡。这里再现了抗日战争时期江南水乡小村风貌，建筑依水而建，前是宽阔水面，渔翁垂钓，橹声咿呀，苇叶青青，一派恬静。

听说北京回龙观也有芦苇荡，可惜一直不得见。

依稀记得芦苇荡的“荡”字是指浩瀚无垠的意思。小时候背的中草药歌诀里说芦苇是：一味中药，芦叶、芦花甚至芦根都可入药。《本草纲目》说芦叶治霍乱、呕逆。其实芦苇也能入菜，是佳肴中的佳品。

狂野茫茫，芳草萋萋，不曾想我在这里又见芦苇荡。

54. 金秋颂

年年等金秋，
年年看金秋，
因为你是喜庆，你是成果。
今天的太阳有些懒惰，
是你的外衣给了她借口。
我的心悸别样，
漫不经心地拾起一片金色落叶，
亲吻着，亲吻着，吸进的是宠秋的味道。
面对春华，我调整殷勤的脚步，
面对秋实，我是纵情歌唱。
金秋啊，你赏赐了大地希望，
你的秋凉，带来了喜气洋洋。
熏染秋季黄，绵绵心情爽，醉成这样娇羞狂，
金秋啊，你层林尽染，怒放灿烂，
你的盛装令大雁回眸，叫海鸥歌唱，
山川也伴随着你换了衣装，
这里确是秋高气爽，神采飞扬。
因为我们从不畏惧冬天的到来，
用感恩去迎接新的春光，
铸造新的阳光。

赵说古今

一、历史篇

1. 为什么不打开秦始皇陵?

在中国，秦始皇陵墓是中国五大神秘陵墓之首。说它神秘，源于史料的爆料和至今未开挖的种种困难。据《史记·秦始皇本纪》记载：“始皇初即位，穿治骊山。及并天下，天下徒送诣七十余万人，穿三泉，下铜而致椁，宫观百官奇器珍怪徙臧满之。令匠作机弩矢，有所穿近者辄射之。以水银为百川江河大海，机相灌输，上具天文，下具地理。以人鱼膏为烛，度不灭者久之。看看，司马迁提到了水银！

野史也煞有介事地说，秦始皇为自己修了一座豪华的陵墓，里面放有大量的奇珍异宝，还修建一个庞大的兵马队伍守护着自己，这就是兵马俑，让自己的灵魂死后都至高无上。

我们知道，当时技术水平极度不发达，修建一个皇帝的陵墓简直是一个浩大的工程，不仅仅花钱巨大，很多奴隶从青年开始修建，直到死。所以秦始皇陵墓一直充满着神秘和恐怖的色彩。

在 20 世纪 90 年代，秦始皇陵考古队队长段清波运用当时最新遥感考古技术勘探后宣布：秦始皇陵地宫就在封土之下。但是没有提到其他信息。我们知道，大型陵寝一般是由内室和地宫组成。地宫是放置棺椁和随葬器物的地方，为陵寝建筑的核心。想到达地宫，必须有地下通道。但是段清波只是发现规模宏大的地宫，距离地平面35米深，东西长170米，南北宽145米，主体和墓室均呈矩形。墓室位于地宫中央，高15米，大小相当于一个标准足球场，可是地下通道还是扑朔迷离。通过航测遥感，可以确定的是宫墙坚固，墓室未坍塌！这就是说没有被盗的痕迹。后来的考察队发现在封土堆下墓室周围存在着一圈很厚的细夯土墙，即所谓的宫墙。经验证，宫墙东西长约168米，南北宽约141米，南墙宽16米，北墙宽22米。据说当时的施工人员还用弓箭射墙，试验墙体的结实程度。可见当时的人还是对我国古代修建陵寝的水平有质疑。资料显示，战国时期的宫墙都是用多层细土夯实而成，每层有5厘米至6厘米厚，相当坚固，保证了墓室的气密性，从而使整个墓室没有坍塌。难怪关中地区历史上曾遭受过8级以上的大地震，而秦始皇陵墓室却完好无损，这与宫墙的坚固肯定相关！

随着时代的更替，后代墓葬的制式有了很多调整，但都是在秦始皇陵的基础上加以提高的，所以我们把秦陵的墓葬形式称为“秦陵式”。秦陵式宫墙对中国古代陵墓制式的研究起到很大的推动作用。研究人员发现在秦陵周围地下存在规模巨大的阻排水渠，长约千米。从照片上看，阻排水渠其实是堵墙，底部由厚达17米的防水性强的清膏泥夯成，上部由84米宽的黄土夯成，规模之大让人难以想象。现在我们去西安旅游，看到秦始皇陵寝地势东南高西北低，落差达85米，而阻排水渠正好挡住了地下水由高向低渗透，有效保护了墓室不遭水浸。北京国家大剧院就是按照这套办法来解决水浸问题的。

《史记·秦始皇本纪》记载，地宫内“以水银为百川江河大海”。专家刘士毅著述说：“通过物探证明，地宫内的确存在着明显的汞异常，而且汞分布为东南、西南强，东北、西北弱。如果以水银的分布代表江海的话，这正好与我国渤海、黄海的分布位置相符。”秦始皇确实到过渤海湾，所以他很可能把渤海勾画进自己的地宫。如果这被证实，说明秦代对中国地理就有了调查和研究。

大家都知道水银是一种有毒性的液态金属。秦始皇陵利用了这个东西，经过挥发，使地宫中充满汞蒸气，这种汞蒸气是一种剧毒，可以让所有的盗墓者有去无回。

另外，在地宫中弥漫的汞气体还可使入葬的尸体和随葬品保持长久不腐烂。这不得不说是一个大胆的利用。

考古人员用钻探方法在封土东边发现了 5 条墓道，封土西边、北边也各找到一条。根据这次探测结果，除了东、西各一条墓道外，其余则是一些陪葬坑。从商周到汉代，帝王的墓道通常都为 4 条，分别贯穿东南西北 4 个方向，这是尊贵身份和地位的象征，而普通官员和百姓的墓道为一条或两条。按常理秦始皇的墓室也应为 4 条，目前仅仅发现了东、西两条墓道。

难道秦始皇是个怪人？可以说，秦始皇在位期间，做了许多超乎常人想象的事：统一版图，统一货币，统一度量衡，等等。这位生前骄横跋扈、性情不定的始皇帝，死后留下的陵墓必然会扑朔迷离。

一个千百年来的未解之谜，很多匪夷所思的事情古人都做到了，让现代人不得不佩服古人的聪明才智。秦始皇陵墓的价值，不言而喻。

2. 古代人为什么把人头称为“首级”？

“首”是象形文字，在古汉语中就是“头”的意思。在金文中，就和汉语不同了，它的上半部分为头皮和毛发，下半部分才是指脸。所以目前大家知道“首级”代表头颅，但在其他文字中却是两个部分。

“首”和“级”能联系起来，是和古代的军事战争有关系的，在战场上，不管是将领还是士兵，人人都想建功立业。那么杀的人多少，就是硬指标，一颗人头很大，怎么也不能拎着几十个头颅吧？所以在战国时期，就有割敌人耳朵的办法。到了战国时期，商鞅变法，秦国按照商鞅的法令把世袭爵位制度改成二十级军功制度，从低到高分别是：公士、上造、簪袅、不更、大夫、官大夫、公大夫、公乘、五大夫、左庶长、右庶长、左更、中更、右更、少上造、大上造、驷车庶长、大庶长、关内侯、彻侯。

法令规定，只要斩杀一个军官，就可以封公士，送仆人一个、宅一处、地一顷。斩杀的敌人级别越高，得到的封赏就越大，能杀5个军官，就可以把自家的奴隶转换成平民，甚至可以把囚犯释放！这样的奖励制度大大激励了秦国将士的冲杀士气，也是最后秦国能统一中原的一个原因。

这样把杀敌砍头和升级联系起来的激励制度，就是“首级”的最早出处，不能不指出，凡事都有利弊，这种制度被许多割地诸侯仿效后，就出现了为了升官，而造假屠杀手无寸铁的百姓的残忍之事。

3. 历史上五大毒妇

提起中国历代的毒妇，有人会说王婆联合潘金莲毒死武大郎，是个十恶不赦的毒妇。其实那是文学作品，不是历史。有人又提到近代史上人尽皆知的慈禧，说她逼死珍妃，光绪帝的死因也和她有极大的关系，客观来说，人们对慈禧更多的怨恨，是她对大清的最后衰亡有不可推卸的责任。作为政治人物，她太自私，没有长远眼光，没有一点为国家大局考虑的意识，完全从自己的利益去考虑，而且阻碍中国的变革，镇压戊戌变法，是一个只要自己这一代能享乐，根本不管后代子孙死活的女人。但是下面的五位毒妇的事迹在个人恩怨上，那是大大的有名。

吕后，真名是吕雉。刘邦和吕雉是夫妻，前期还是比较恩爱的。但是戚夫人的出现成为吕后幸福生活的严重阻碍。刘邦一死，吕雉开始对刘邦的宠姬戚夫人大肆报复，砍掉她的手足，挖去她的眼睛，扎聋她的耳朵，还用药物把她变成哑巴，然后将半死不活的她抛入地窖，称为“人彘”。以至吕雉之子汉惠帝撞见之后，惊吓成病，卧床不起。

昭信，她是汉景帝之孙刘去的姬妾。据说她很美，但生性残忍毒辣，据史料记载，刘去最先宠爱王昭平、王地余二姬，答应将她们立为王后。可荒淫无度的他后来又喜欢上了另一名女子昭信，于是埋下了祸根。王昭平、王地余二姬嫉妒昭信，私下合谋，想要害死她。但事情败露，昭信便对昭平用刑逼供，鞭笞后，换以铁针扎，昭平被迫招供；于是刘去召集诸位宠姬，令其以剑刺地余，令昭信杀死昭平。这两个人的三名贴身奴婢也被连累，最后一起被杀，几人的尸体也没能保全，被烧为灰烬。

骊姬，春秋时期，晋献公出兵攻打骊戎，还将国王的女儿骊姬作为俘虏带回国。她唆使献公，让申生率军攻打戎狄，以便伺机抓住把柄，置太子申生于死地，在计谋没能得逞后，接着又诬陷申生在祭祀的肉里下毒，想要害死献公，逼得申生百口莫辩，含恨自杀。申生死后，骊姬又诬陷夷吾是其同谋，吓得二公子重耳逃往蒲城，夷吾逃往屈城。骊姬虽然是用计，但计谋毒也。

赵飞燕，当年能在“掌上”跳舞的轻盈女子！但其内心狠毒。一位叫曹宫的女人被宠幸后生了一男孩，这本是年逾四十而无子的汉成帝的一大喜事。赵飞燕闻讯后，胁迫皇帝下令处死曹宫母子，制造了耸人听闻的惨案。一年以后，同样的悲剧又发生在生下皇子的许美人身上。这样貌美心毒的女人，大家知道得不多吧？

贾南风，一个最可恶的女人。她是晋惠帝的皇后，此人不但狠毒，而且长得难看，不知道怎么被皇帝看上的。她连生四女，没有儿子。所以宫中被皇帝临幸的其他女人都要面临悲惨境地。她表现得比赵飞燕更凶残，在得知一官妾怀孕之后，竟然闯入其住地，用士兵的大戟直刺，使其腹破流血而亡。据说，只要贾南风听到哪个女人有孕，都会想方设法弄死对方。

4. 宫廷的年夜饭吃什么？

我国有 5000 多年历史，年年有喜庆的日子，岁岁有值得庆祝的事情。庆贺的方法有很多，千奇百怪。但唯一不变的是大宴。

对于贵族们和帝王将相们的宫廷宴，大多数的百姓是无法了解的。百姓没有士大夫们和帝王将相聚首的机会，所以对宫廷贵胄生活，全靠戏曲评书。

其实从史料和档案中看，已初露端倪。古代宫廷御膳，还真未必比老百姓的想象华丽多少。

古代人更多注重礼仪，并不都把大节日的吃饭当作一年最正经的事。比如宋朝节假日极多，天子的生日也要大宴宾客，但一定是以感恩为第一。清朝有所谓“三节”，也就是春节、五月节、八月节。以前的传统相声《三节拜花巷》讲的就是这三个节。

过年了，人们长大了一岁。岁者，木星也。古人对岁与其说热爱，不如说敬畏。所以吃食是敬天地的，加上宫廷内的人平时不会为吃食发愁，故此年夜饭一般都是以炖煮为主，并不奢华。不像小民百姓，攒着胃口，大年夜猛吃一顿。所以，宫廷年夜饭，仪式感比口味重要得多。帝王和大臣们注重的是礼仪，享受的是形式。

史书记载，唐朝宫廷过年，先不忙着吃喝，而是大家一起看太常寺卿安排的舞蹈，这不是春节联欢晚会那种的舞蹈，而是大张旗鼓的傩舞，用以驱除邪魔瘟疫。这是因为皇家诸位居安思危，尤其需要敬神。等驱完鬼神，就开摆宴席了——年夜饭这才开始。

宫廷年夜饭会比一般时候的饭菜要华丽，但也有局限。比如武则天宠爱的美男子张易之、张昌宗发明的鹅鸭炙，就不能在这个时候端上来，太不吉利，太残忍。端上来的基本都要起个吉利名字，但菜肴一般还是以前吃过的传统菜式。

为博得帝王的欢心，御膳房也会做一些创新菜。传说唐玄宗过年赐宴时，请臣下吃过驼蹄羹。这道菜就是新发明的一道大菜。当时的大臣们都说好吃。杜甫还写诗叹："劝客驼蹄羹，霜橙压香橘"。可惜这道菜的做法失传。

唐宋时期过春节，宫廷也饮屠苏酒。古代的人们很注意养生。屠苏酒是益气温阳、祛风散寒、避邪除祟的好东西。世传是华佗所创，孙思邈热情推荐。宫廷之上一般是年少者先饮，因为过了一年，年轻者"得岁"；年老者后饮，因为又老一年，老人家"失岁"。总之仪式感和敬畏天地的意味很浓。但苏轼却看得开，只要活得长，王安石所谓"爆竹声中一岁除，春风送暖入屠苏。"就印证了这个习俗。现在的人也是无酒不成席，有条件的"大宅门"都喜欢在冬天吃温热之食，以顺天养生。现代人没有了过节宴请习俗，都是随心所欲，爱吃什么就做什么。远没有了吃的本真和内涵了。对于有助养生的药膳来说，早在汉魏六朝间，宫廷就吃"五辛盘"。五辛者，是大蒜、小蒜、韭菜、芸薹、胡荽。（那时还没有辣椒）孙思邈的理论是：正月时，吃五辛可以开五脏、去伏热。所以宫廷的厨师们都会给帝王随着时节加这些调料。

少数民族统治的一些国家，如辽国，过年也很别致：过年时，辽国人以糯米饭、白羊髓捏成团，如拳大，每帐里发四十九个，用来“惊鬼”，惊完了鬼后，大家都吃了。别看是个糯米团，考虑到辽国牛羊肉多、奶多而蔬菜米面少，过年每帐得四十九个糯米团，还真是奢侈呢。除此之外，辽国过年还喜吃貔狸——也就是地松鼠。这玩意形如大老鼠，极肥，辽国君主吃的貔狸是用羊奶养的。这样的貔狸肉更酥烂。当然这是百姓无法领略的。

由于慈禧的生活年代离我们最近，所以她的传说最多。慈禧被人说奢侈靡费，其实她老人家过起年来，费则费了，精则不足，这些都是史料记载的。过年吃晚膳，在宁寿宫，布三个桌子。老佛爷居中一桌坐了，皇帝在东桌，皇后在西桌。皇帝执壶斟酒，皇后把盏，给太后祝福，老佛爷一杯酒饮三次，算是注重身体健康。真吃起来，第一种菜最常见，就是燕窝摆的寿比南山、吉祥如意，好看罢了，味道却未必好吃。实际上大多数吉祥菜，都在鸡鸭身上找，比如燕窝“寿”字，红白鸭丝、燕窝“年”字，三鲜肥鸡、燕窝“如”字，八仙鸭子、燕窝“意”字，十锦鸡丝。第二类是例菜，中规中矩的。远没有大家想象那样离谱。除了乾隆、康熙之类多下江南、兼容并包、敢尝鲜的皇帝，其他大多是按制度来。清朝尚膳监想得很明白：有什么珍奇时令食物，天子如果吃顺了嘴，天天要，御膳房日子还过不过了？第三类是贡品菜，比如熊掌、鹿脯、龙虾。但一定是点到为止，不可能大做。太后惯例每盘三筷子，就撤了。

吃到最后，按满族规矩，必须吃一份煮饽饽——也就是煮饺子。只不过煮饽饽都有花样：饽饽里放元宝，谁吃到了，谁来年多福多寿。不用问，最后都是精心安排，让老佛爷吃到，大家于是故作惊讶，让慈禧图个开心。

所以说到底，宫廷年夜饭，一半吃规矩，一半吃药膳。譬如北方过年必吃饺子、江南年夜饭最后常有个红烧蹄髈。都是红红火火热气腾腾的意思。而且吃的时间也不太长，不像现在的人一吃就吃到大半夜，全然没有了规矩和节制。

过去的御宴，前一天吃得肥甘油腻，第二天一定是清淡，清黏而甜的食物，无盐无油。现在的人们早就不愁吃穿了，所以真应该看看我们的先人在过节时，注重的是哪些礼仪和哪些养生方式，才不枉了青出于蓝而胜于蓝的道理。

5. 古代大臣是怎么上班的?

古代的上班下班时间和现代相似，也是朝聚晚散，但具体时辰上又比现代一般机关之朝九晚五的作息要提前，也就是鸡鸣即起。这是为了与农业社会中大多数人的作息习惯相一致。在《诗经·齐风·鸡鸣》中记录了一个故事：妻子催丈夫起床："公鸡已经叫了，上朝的人都已经到了；东方已经亮了，上朝的人已经忙碌了。"由此可见，古人鸡鸣即起准备上班的传统，至少在春秋时代就已形成。往后，这个时段逐渐定为卯时（早晨五至七时）。

由中国传统的行政体制所决定，古代公务员的所属机关，可分中央和地方两类。凡在中央各机关供职的官员，一定品级很高，他们必须参加由君主亲自主持的最高会议，通称朝会，故京官上班的第一道程序，便是大家耳熟能详的"上朝"。朝会有大朝、常朝等区分。在朝上，皇帝必须针对一些热点问题先在朝会上咨询大家的意见，所以大臣们在上朝后，各抒己见，以议时事，前共筹谋，然后奏闻。也就是说，除法定的节假日外，这种具有实际内容的常朝，几乎每天都要举行。倘是君主生病或怠政，那就另当别论了。

上朝规矩，除一二品大员年高者，特赏可以骑马或坐椅轿外，其余人一律步行入宫；又因随从不得跟入的缘故，没人给你举灯照明。说是黎明开会，夏天天亮得早，看得清路况。要是冬天就麻烦了，天很黑，路况不明。匆匆赶路的大臣们扭脚的事，也常有发生。据《天咫偶闻》记，明代紫禁城皆有路灯照明，天启时太监魏忠贤当权，下令尽废路灯。其后，该制度又为清朝继承，紫禁城内，除朝房及各门外，绝无灯火，理由为消弭火患。结果便是百官“戊夜趋朝，皆暗行而入，相遇非审视不辨”。因为无灯照明，还发生过有人在雨夜上朝时，因路滑失足跌入御河溺死的意外，放在当下的话，不知道算不算工伤。到了清朝，凡亲王与部堂长官上朝，皆有专人打灯引至景运、隆宗二门；军机大臣则有角灯导入内右门。这倒不是皇帝老人家发了善心，主要是奏事处官员、各部院衙门递奏官和各省提塘官，提前送到的各种文件和报告或许会成为皇帝在朝会上提出讨论的议程，所以叫大臣们提前阅览，也算是加快效率吧，因而特许加灯。也有一些大臣和王爷级别的高官私交甚好，在路上偶遇，忙跑几步，掏出文件，借一些灯笼的光亮看文件。这就是“借光”的出处。可惜，很多的清宫影视剧，没有体现这样生动的细节，这就是闭门造车，不讲究精益求精。当然好的细节也要根据具体的剧本体现，不能生拉硬拽。

来到朝会之上，大臣们来自各个部门，品秩亦有高低，所以开会时要进入指定的位置，这叫“朝班”。又因为官员经常会升级降级，或在不同部门间调来转去，所以具体到个人而言，朝班也不是一成不变的。现在的政府机关，出席会议者，应坐的位次照例都由会务组使用“名牌”标示，对名入座，不会搞错，古人没发明这个办法，所以“乱班”和“抢位置”现象时有发生。这就是“抢班夺权”的由来。

我看到《万历野获编》卷十三里面有个故事：明神宗时，因朝会时开时辍，“班行遂无定序”。有一次，一个阁部官员和一个监察官员互争位次，请编制朝班的蔡献臣分辨是非，老蔡谁也不想得罪，便引成例：如按常朝，你是对的；如按大朝，他亦不错。可见，各种朝会有不同的位次安排。

朝会的时间，根据议程多少有长有短，一般多在辰时（上午七至九时，这里多指九时）结束，称“散朝”。如果没有皇帝特许的大臣留下外，其余人等都可以下班了。和现在的墨守成规的晚 5 点至 7 点下班相比，那时候上朝议政还是很讲究效率的。

6. 慈禧怎么上厕所

在古代，并没有厕所（茅房）。大家内急，都是找没人的地方随意解决。一些繁华的大都市，如：长安、洛阳、北京等地，只有少量的厕所，和近代我国农村的厕所比较像，就是一个坑。

古代的造纸术不发达，比较贵，一般老百姓是用不起厕纸的。那怎么办呢？大家听过郭德纲的一段关于打屎棒的相声吧？古代叫厕筹。其实就是一个短木棒，蹲完坑用来刮干净屁股上的污物，因此有个俗名叫“搅屎棍”。当然光用厕筹始终刮不干净，容易弄脏裤子，因此有钱人一般蹲完坑就要换衣服裤子，所以也叫“更衣”，这就是“更衣室”的由来。在古代厕所叫便所、毛司、灰圈、茅厕、茅坑、粪坑、沃头、西间、西阁（古人认为厕所应设于西方或南方）、舍后（民间厕所多设于屋后）、雪隐（宋）、溷厕、厕溷、厕屋、厕轩等，厕所有很多很多的名称。

到了清朝，北京城都没有厕所，整个北京城公共厕所寥寥无几，而且还要收费。所以那个时候，如果不是内急是不会进去的，很多百姓，甚至官员都会“当道中便溺”，意思就是在大街上解决。所以当时的北京城是臭气熏天。这种情况一直延续到了清朝的末期。北京各街道遍修厕所，不准随地便溺。而且，出现了大粪车，以摇铃为号。之后臭气就渐渐地少了。

慈禧太后的“出恭”在一些史料中有零星记载。太后说“传官房”，就是上厕所。几个宫女就去分头准备，一个去叫管厕所的太监，一个去拿铺垫，如同现在飞机上的马桶坐垫，一个去拿手纸。太后用的坐便器是用檀香木做成的，外表雕成一只大壁虎，壁虎的四条腿就是官房的四条腿，壁虎的鼓肚是个盆屉，不用的时候盖上盖子，打开后就可以坐在上面“出恭”了。盆屉里放有干松香木细末。太监把马桶用绣云龙黄布套裹着，并顶在头上送到太后的寝宫门外，请安以后，打开黄布套，取出器具，由宫女捧着送进净房，净房一般设在卧室的右侧，明面上装一扇或两扇小门，里面是不足一米宽的死夹道，专门为便溺用。宫女把油布铺在净房地上，把坐便器放在油布上，再把手纸放好；太后完事后，由宫女捧出去，交给太监，太监仍然用布套包好，举到头上顶出去，清除完污物后，擦洗干净，放入新的干松香木细末，等下一次使用。

7. 历史剧中的汉服

现在的历史影视剧的服装，越来越奇葩。服装的设计者们越来越脱离历史的服饰，胡乱设计，乱裁剪现象严重。国人在注重剧情发展的同时，不在意服饰，很是可悲。

在中国的 56 个民族中，汉族是人数最多的民族，又被称为“华夏民族”或“中华民族”。汉服又被称为汉装、华服。汉服不单单是指“汉朝服饰”，而是指中国汉族的传统服饰。

其实历史长河中，中国的服装是有迹可循的。中国古人讲仁、义、礼、智、信，汉服在这几个方面都是有体现的。

中国古代的服饰随着朝代更迭而发生变化，因此不同朝代的服饰也反映出不同朝代的文化。

中国最早的服装制度是在商朝建立的，就是把衣服分为两截，即上衣下裳（裳是指裙子）。腰部用宽腰带束扎。商朝的时候纺织与刺绣的技术都已十分纯熟，领襟、袖口都有精致的刺绣和绲边。春秋战国时期出现了“深衣”。深衣即指上下分裁，但中间缝合的服饰。在当时非常流行，男女都能穿。

唐朝是中国历史上政治、经济、文化、艺术空前繁荣的鼎盛时期，唐朝的染织技术精湛，丝织品的染色图纹更达到了前所未有的高水平。因此唐朝的服饰质地考究，色彩鲜艳，样式繁多，配饰精美，大唐服饰雍容大方、华贵典雅，在悠久的中国古代服饰史中，堪称登峰造极，璀璨辉煌。

唐朝女子爱美，大唐天子的血统有胡人的血统，所以服饰特点是低领大袖，裙腰高束。样式主要是上着短襦，下穿长裙，肩披帛巾，让长长的裙摆拖地而行。唐朝男子身着圆领袍衫，头戴幞头、纱帽，幞头是以丝绢裁成方巾，方巾四角下垂四长带，用来裹发的头巾，在唐朝非常盛行。

中国在唐朝时期与其他国家文化交流频繁，传统的服饰文化也影响了许多国家，至今日本和韩国的服饰中还保留着大唐服饰的特色。据史料记载，和大唐来往的国家，最多时竟达300 多个。宋朝衣冠服饰虽沿袭唐代传统服饰，但又独树一帜。由于当时社会崇尚王阳明心学和朱熹理学，提倡“存天理，去人欲”的观念，倡导传统保守的道德观。因此服饰不再追求华丽，以自然俭朴为主。宋朝男子服饰仍以圆领袍衫为主，以不同颜色来区分等级，不分尊卑，在各种场合都戴幞头。女子服饰上衣种类有襦、衫、袄、大袖、半臂、褙子等，下身也是穿裙子。其中褙子是当时无论贵贱都流行穿着的服饰，褙子是一种外衣，直领、对襟、长度过膝是其特色。

明朝建立后，恢复传统的汉服服饰制度。科技的发展使质料种类繁多，刺绣技术日益完善。男子服饰仍以袍衫为主，官员朝服仍袭古制，以袍衫颜色和图案来区分官职品位，袍衫官服前有一方形刺绣图案，文官为飞禽图案；武官则为走兽图案。妇女服饰款式承袭唐宋，襦、裙、袄、衫、褙子、比甲，明朝妇女的礼服为凤冠霞帔。

汉服最主要的特色是交领右衽，袖宽且长，以绳带扎结取代扣子，穿着汉服使人神态举止有含蓄内敛，端庄稳重，潇洒脱俗的气质与美感。

希望影视剧的造型师，多学一些历史文化，站在前人的思想理念上，再发扬自己的创新精神。

8. 古代没有身份证，怎么证明自己身份？

大家知道，身份证是近几十年来的新生事物。在古代，一个普通人需要证明自己身份时，只有书信或者信物。成为官员了，才有了一定程度的证件。

古代的官员上任，有两样东西是必带的。一是敕牒，一是告身。敕牒就是朝廷发的委任状。上面有吏部大印，很难造假。所以，一个官员上任后，首先要交出敕牒作为凭证，把它压在衙门备案。告身则是用于证明上任者本人的真实身份，为了防伪，也是由专门的部门印制。在《宋史·职官志》中讲到，宋代的告身由吏部属衙官告院统一制作，所用的绫巾褾带等材料，均有特定生产供应商。在告身上注明了上任者的籍贯、年龄等，有特殊的生理特征也会被写入。因此，即使告身不慎丢失了，被人捡到，也很难冒充。我查了资料，发现告身远在南北朝时就有了记载。告身不同于敕牒的地方是，告身不必交出，就是说留在自己身边，在必要时，证明自己身份。

另外，古代的官员还有其他一些能证明自己身份的物件。比如在唐代，官员们都配有一个“鱼符”，三品以上的官员都是黄金打造的，三品以下是用白银打造的。“鱼符”上有姓名和职位等。到了宋代，则是用象牙或者兽骨等制成的“牙牌”充当身份证明，上面也一样写清了姓名、履历、职位等。除了这些官吏外，有一些官吏的家奴和下人也有此类的身份证明，来防范冒充自己府上的人。古代的僧人也有自己的身份证明，就是现在的“度牒”，这是由国家发给僧尼的出家凭证，不过，上面多了一些内容：俗名、所属寺院、师承等。如果是私下伪造“度牒”，一旦被发现会严惩伪造者。

至于普通百姓，都是农耕村户式的生活，彼此都认识，就没以上物件了。

9.《芈月传》的“临朝称制”是怎么回事？

“临朝称制”是指皇后、皇太后或者太皇太后在皇帝幼小时，还不懂国事，帮助小皇帝代理皇帝权力的制度。中国在经历了母系社会后，回归到男人统治的天下，女人从此不许干扰朝政。后妃们要想过皇权瘾，就要临朝！这里的“制”是皇帝的命令的意思，开始于秦始皇时期。而“临朝称制”的制度最早就成于秦昭王的母亲芈月，她的真实名字叫“芈八子”。

芈八子是秦惠文王来自楚国的姬妾，“芈”是楚国姓，而“八子”是她的封号。八子的地位并不高，位于皇后、夫人、美人、良人之后，在秦国后宫的八级里面只是中下等。所以在秦惠文王死后，她的儿子嬴稷就被算计，被迫到燕国当了人质。三年以后，秦武王意外死去，芈八子在燕国的支持下与自己的弟弟魏冉（异父弟）联手，经历了三年的“季君之乱”，终于把嬴稷送上了皇帝宝座，这就是后面的秦昭王。她也就被封为宣太后，从此开辟了“临朝称制”的41年。芈八子很有点手段，使秦国在她手里日益强大，为秦嬴政统一六国，奠定了基础。

汉高祖刘邦的老婆吕后，也是“临朝称制”的高手和代表。她在儿子惠帝死后正式临朝代行天子职权，也是当时西汉的真正统治者。在她执政的8年间，史书都以“高后某年”记事，《史记》《汉书》等正史也为她立了“本纪”。这说明吕后的政治生涯是成功的。虽然吕后排除异己，对一些朝臣心狠手辣，但政治局面比较稳定，特别是当时的经济得到很大程度的发展，也为后面的“文景之治”打下了基础。

10. 太监和宦官是有区别的

宦官和太监都是我国几千年封建社会的畸形产物，都是为了生计，被阉割过的封建帝王的奴仆。其实他们之间是有区别的。

宦官这个词最早产生在大约公元前200年，当时叫“寺人”。东汉以后才正式出现了“宦官”这个词，而且全是阉割之后的阉人。封建帝王之所以要除掉他们的生殖能力，主要是因为皇帝都拥有众多的后妃宫女，他独占这些女性，以示权威，不许其他男人和他分享。另外，宦官基本是在小孩时入宫，社会关系不复杂，入宫后无牵无挂，只对主子唯命是从，俯首帖耳。他们懂得只有这样服务于皇帝，别无出路。因此历史上即使有过宦官当权或者权势滔天，也难以真正威胁到皇权。唐代后期，社会风气日下，民间的一些达官贵人、官僚富商也争相购买男童，私下阉割后，送入宫里，达到以后利用的目的。

太监这个词则出现在辽代。据《续文献通考》里的记录，辽国的太府监、少府监、秘书监都有太监。元代也继承了这个称谓。明代的开国皇帝朱元璋设立12监，其头目就叫太监。由宦官担任。太监和宦官的领导，是高级的宦官。到了清朝，宦官被取消了，统称太监。但清朝的太监分三六九等，下层的受苦受难，高级的为非作歹。大家都知道慈禧的大太监李莲英可以制约文武大臣，有时还可以和太后一起吃个饭。老家有地30多亩，金银无数，财宝成箱。

11. 还原一个真实的吕洞宾

昨日，我一河南好友去了一趟禹县，给我打电话说，在当地看到了一处古迹叫吕祖阁，叫我给她讲讲。思虑过后，不如普及一下，于是写下该文，以飨读者！

河南省禹县确实有一个名胜古迹“吕祖阁”。它位于禹县城东，坐北朝南，背依颍水，南望柏山。该阁系城楼式楼阁，距地面 17 米高，下为洞，上为阁，系飞檐斗拱形，面积不大，也就几百平方米。阁的周围树木很多，有的树木年龄很久，阴以蔽日，古朴大方。吕祖阁中有吕洞宾的神像。今人首先想到的是谚语：狗咬吕洞宾，不识好人心。其实他不是什么神仙，而是一个曾做过县令，注重男女平等的古人。

吕洞宾，俗家姓李，名琼，字伯玉，号纯阳，唐代蒲州永济人。和武圣关羽的老家很近。李琼生于唐德宗建元十四年，老婆姓金。他在唐武宗会昌年间两次科考不中。到了唐懿宗时出任过旬阳县令。后来由于遇上了安史之乱，社会阶级斗争激烈，矛盾激化严重，藩镇割据。他对这样混乱的社会很是厌烦，弃官而走，到了现在的庐山仙人洞、九峰山等地隐居。因为他是拖家带口隐居的，老两口又同住一个山洞，互敬互爱，相敬如宾。久而久之，他就以吕洞宾为名。虽然他也经常称自己为道人，但总离不开老伴。后人逐渐把他的真名忘掉，而“吕洞宾”却声名远扬了。

12. 这才是历史第一谜团

在夏商周时代，鼎被视为立国重器，是国家权力的象征。“鼎”被赋予“显赫”“尊贵”“盛大”。许多成语也是由此而来。如一言九鼎、大名鼎鼎、鼎盛时期、鼎力相助等。

“鼎”在《春秋左氏传》中有记载：夏朝初年，夏王划天下为九州，并命九州的诸侯贡献青铜，铸造九鼎。一鼎象征一州，类似现在的各省官印。九鼎为夏王所有，象征夏王对九州的统治。但是，到了周代，九鼎下落不明。五千多年来的中国历代史籍，写到九鼎的事情很多，写“鼎”下落的材料也有，但都经不起推敲，可靠的依据不多。耳熟能详的当属司马迁的《史记》，秦昭襄王五十二年，秦从雒邑掠九鼎归秦。这是最早明确指出“鼎”在战国时期到了秦国。但在以后的《封禅书》中又说：“周德衰，宋之社亡，鼎乃沦没，伏而不见。”这就是说，九鼎在秦灭周之前，即“宋之社亡”时，已经不见！那么，前者所述秦昭襄王五十二年，秦从雒邑掠九鼎归秦，岂不是自相矛盾，令人费解！

到了东汉时期，史学家班固在其所著的《汉书》中，对九鼎的下落又有不同记载，说是在周显王四十二年，九鼎沉没在彭城（今江苏徐州）泗水之下。后来秦始皇南巡之时，派了几千人在泗水中进行打捞，但徒劳而返。随后“鼎”只出现在史籍中，而无实物了。

到了清代，有一个史学家王光谦经过不断考察，提出了一个线索：周朝到了周平王时期，东迁洛阳。这时候的周王朝势力一落千丈，只是各诸侯国象征意义的帝王。诸侯们都有取周而代之的野心，否则就不会有战争频繁的战国时代了，也不会出现历史的进步了。而此时的周王室由于不被各诸侯国尊重，早已没有了供奉。财政困难，入不敷出，为了支撑下去，只能销毁九鼎以铸铜钱，对外则宣称九鼎已不知去向，以免各诸侯国兴兵前来问鼎。王光谦讲述的这个论断是基于他的研究，但根本无史料加以证实，因此，无法服众。

关于九鼎的下落，至今仍是一个谜，毕竟“鼎”是我们心中神圣之物。

13.“奉节”名字的由来和刘备墓被盗有关吗?

成都武侯祠是一个知名景区，是中国唯一一处君臣共祭之地。所以大家怀着缅怀一代明相的心情进入园区，也能同时祭拜三国时期的“著名一霸”—— 刘备。惠陵即刘备墓。

“奉节”的白帝城，如今也是一个三峡旅游必去的景点。在唐代以前，奉节叫“人复县”，它之所以被改成现在的名字，有一个神奇的传说：当地人口口相传，说刘备当年在白帝城死后，尸体根本未运回成都下葬，因为那时的道路崎岖，行走不便。真要是把刘备运回成都下葬，尸体恐怕早就臭了。于是经过诸葛亮的同意，就地葬在永安宫下。大家看到的惠陵，不过是刘备的弓箭冢。

话说到了唐代，在永安宫的县官叫许由，他看到永安宫的地理位置不错，于是把衙署搬到了此处。此人很贪财，听到百姓传说刘备葬在这里，便生出了歪点子，想盗点随葬财物。每到夜晚，他到处寻找入口，最后发现，在大堂后室地下好像有个空洞。许由雇了几个有盗墓经验的人帮忙，悄悄地将地上石板撬开，真的发现下面有一个地洞。许由大喜，顺洞口而入，一下子摸进墓内。正打算撬开棺材取宝时，许由在棺材前看到了一张纸条，上书十六个字：“许由许由无冤无仇，私开吾墓罚汝上油”。许由吓了一跳，心说：刘备死了好几百年，怎么知道我来呢？难道是诸葛亮的神机妙算？许由还真被吓着了，赶紧依纸上所言，给刘备棺材前的长明灯添了油，重新命人把洞封好，威胁那些盗墓者不许外传。从此，许由不敢在此贪财，成为远近闻名的清官。卸任时，许由亲书“奉公守节”匾额，悬于大堂，以赠继任者。据说，“奉节”这个地名就是取“奉公守节”头尾二字而来。

但《地志考》记载，“奉节”一名，确与诸葛亮有关。朝廷旌表蜀丞相诸葛亮奉昭烈皇帝刘备，“托孤寄命，临大节而不可夺”的为臣品格，就把此地改为“奉节”。

传说嘛，就是人们茶余饭后的谈资，不可太信。但是历史上还真有记载刘备墓被盗的故事。

唐朝人段成式的《酉阳杂俎·尸穸》就讲述了一个这样的故事：“近有盗，发蜀先主墓。墓穴，盗数人齐见两人张灯对棋，侍卫十余。盗惊惧拜谢，一人顾曰：‘尔饮乎？’乃各饮以一杯，兼乞与玉腰带数条，命速出。盗至外，口已漆矣。带乃巨蛇也。视其穴，已如旧矣。”

大家自己翻译吧，别被吓着啊！

不过近代真的有报道说过在四川彭山地区的一个小村庄附近居然发现了一个巨大的古墓，立刻便有考古队员前来考察。当时有人说这处墓穴是刘备的陵墓，而经过考古学家研究，这处古墓距当时一千七百多年，跟刘备生活的时代很是符合。而且这处陵墓构建十分庞大，外面是巨大的石墙。据说按照三国时期的建造能力，需要十多万人才能建造这样的墓穴。所以这样庞大豪华的墓穴很可能是当时的蜀汉政权的皇帝刘备的墓穴。想要进一步确定墓的主人是不是刘备就需要进一步挖掘，打开墓穴。那时发现的时间是 20 世纪 90 年代，以当时的科技手段根本无法保证在打开墓穴之后里面的文物不被破坏。所以挖掘工作便停止了。这处墓穴究竟是不是刘备的墓，还有待考证。

二、生活篇

1. 茶杯为什么没有“把”？

中国是茶的故乡，中国人的性格也像茶，对待事物的处理上，总是清醒和理智的。有学识的人，也喜欢“一杯芳茗成请客”。这种以茶雅志的传统，影响着出仕之人。

茶水中的苦味，有着深刻的社会内涵，代表着苦中求乐的精神。大众更是“以茶交友”“以茶雅志”“茶利礼仁”。佛学的“茶禅一体”“茶禅意境”突出了以茶养廉的精神。

但是，真正贴近生活的启示，往往不被人知。今天，我就讲讲饮茶的茶杯为什么没“把”？这里又透露出几多中国学问呢？

很长的一段时间，中国都是个农耕国度。人们以吃饱饭为第一生存法则。而盛饭的食具是碗，茶具和食具、炊具一样，它的产生和发展是深受其影响的。在中国奴隶社会时期，最早发现野生茶树时，是采集鲜叶在锅中烹煮成羹汤而食，茶叶作为蔬菜，与饭菜相同，并没有什么特别的烹饮方法和器皿。由此，最初的“茶具”，也就是碗。正是因为先有碗的概念，我们的先人初始不叫饮茶，而是叫吃茶。

随着茶品种的不断增多，饮茶方法的不断改进，茶具的制作技术也在不断地完善。它的产生和发展体现了一个从无到有，从共用到专用，从粗到精的一个过程。特别是碗的形状是圆的，代表着圆满。这是中国人历来的吉兆。所以茶具也吸收了这个寓意。我说过，茶是有文化的。所以我们的祖辈讲究圆满，讲究有余地，讲究不留话柄。故此在喝茶中，就衍生了不许带“把”。预示不节外生枝，不给人把柄！在高级的茶具设计上，是有盖和托的。暗含盖为天、托为地、碗为人，表示天地人和谐之意。其中，托的诞生也是很有意思的。大家煮茶后，倒入茶碗中，是很烫的。人的手不适应，有不能紧握的隐患。而不慎把盖和碗摔了，更是不吉利。所以，才有了托！这样，代表着人的茶碗，在代表着地的托举下，敬着天，品着茗，不仅仅解决了人的生理需求，也学习了儒士文化，感受着托捧的惬意。

英国也是喝茶大国，他们的茶杯为何有“把”呢？这是因为我们把茶传到英国了，茶具并没有同步，所以英国人就用喝咖啡的杯子，加以改良。反正也是热饮，又不是东方哲学文化的诞生地，就这样延续下来了。

2. 你知道熟睡时身体为什么有突然一抖的现象吗？

科学调查表明：大约70%的人都有过在睡觉时，突然被一抖给惊醒！这是什么原因呢？如果是小孩在熟睡时遇到这种情况，一般被调侃成：缺钙。成年人遇到这情况，还是缺钙吗？有人说，这是做梦的表现。更有网民自嘲说：这叫“弹窗抖动”。

其实，这种现象在医学上，叫临睡肌抽跃症。这种无意识的肌肉颤搐，就是入睡后身体猛然一抖，而且通常会伴随着一种跌落或踏空的感觉。这是正常的生理表现，在打嗝和睡眠中肌抽搐，都属于肌抽跃。如果是成年人，不论男女，出现这种症状，说明了我们工作压力大，睡眠是在紧张的状况下入眠的。常有这样的事情发生，就说明肝肾亏虚了，俗称气血不足。在西医的角度，还有一种解释，就是脑部有伤，包括外击或者是脑血管病变。

如果是由于压力大或者是慢性病，我建议，睡前可以伸展腓肠肌、足部肌肉，这有助于预防抽筋。伸展抻拉是一种简便易行的办法。还可以在睡前适当喝一些水，因为水有助于稀释血液中钠的浓度，这样对血管和释放紧张情绪是有帮助的。

白天要注意加强体育锻炼，晚上即使没睡好也要按时起床，这样坚持数日，就会逐渐好转。

3. 为什么电影院都卖爆米花?

电影院不允许自带食物，特别是有刺激性味道的食物，这是国际上的惯例。但电影院和爆米花是相当成功的共生关系，这又是为什么呢?

20世纪30年代，随着产业工人群体收入的增长，给美国的电影市场带来了繁荣。越来越多的普通人开始进入影院，为了能看到一些好影片的同时节约成本，很多美国人选择了午餐和晚餐的播映时段。那么就带来了吃饭的问题：电影院是不允许带食品进入的，由此吸引了相当多的爆米花小贩自发地来到电影院门口做生意。看电影的人们买了这些包装隐蔽，好携带的食品后，再走进电影院。让电影院的老板们意识到，这些人的生意是电影院带来的，何不自己也开展这项业务呢？这就是经济学讲述的，典型的外部性内部化的过程。电影院吸引来人流，看电影的人愿意消费爆米花，由此带来了额外的收入，爆米花的香味还不招邻座的观影人反感。

由此，在市场上形成了两种电影院，一种是自己卖爆米花的，另外一种是不卖爆米花的。20世纪30年代末，伴随着华尔街股市的崩盘，美国进入到大萧条时代，电影院的生意开始一落千丈。在那段艰苦的岁月，那些自营爆米花的电影院幸存了下来，而那些不卖爆米花的电影院要么倒闭，要么纷纷效仿，从那以后，电影院和爆米花开始了如漆似胶的关系。

到1945年，美国的电影观众，吃掉了全国一半的爆米花，而爆米花等零食带来的利润，更是占到电影院收益的40%以上。

今天中国城市里的电影院，完全复制了美国电影院的商业模式，几乎每一家新建的电影院，旁边都有自营的爆米花。这一商业模式在中国也非常成功。而且商家把爆米花的香味进行了改良，出现了多种味道的爆米花。

4. 中餐为什么在世界排不上第一？

国内的省级电视台几乎都有美食节目，各类大厨都在秀自己的厨艺，好像中餐是世界上最好的饮食。

一项“全球游客评选旅游国料理最好吃国家”的调查结果显示，排名第1位的是意大利（32%），随后分别是法国（24%）、日本（18%）、中国（13%）和西班牙（11%）。首先不知道这项调查是否权威，但是，著名的“米其林红色宝典”对世界餐厅的评价也是意大利餐的各项分数最高，这是不争的事实。

作者多年往返于国内外，专业之一又是餐饮管理。在国外的中餐馆吃饭无数，深刻体会到国外中餐的不地道。出国旅游的朋友和常居国外的华人一定感同身受：国外的中餐馆里，你经常见到以大量洋葱为主配料的宫保鸡丁，完全不能说是块状的牛肉块炖出来的咖喱牛腩，还有莫名其妙的左宗棠鸡（完全是番茄酱瞎炒）以及涂了姜水和辣椒面在烤箱里烤出来的“北京烤鸭”。

中餐馆在国外遍地开花，这是有其历史原因的。很多华人都是20世纪老一辈的中国移民，这些人在故乡就是穷人和没文化的人。只有吃苦耐劳的本事，而中国的吃文化又是源远流长，每个人为了生存，都要学做几个菜。他们没有受过正式的烹饪培训，都是从长辈那里学来的，随着中国越来越多的人出游国外，为他们开餐馆提供了客观条件。正因为上述的原因，现在很多的中餐馆的菜肴还是以便宜见长，精致和专业都谈不上。

我在美国一个小镇住过两个月，所以有时间在一个中餐馆吃好多次。我发现这家餐馆的厨师今天用西兰花，明天用青椒来代替宫保鸡丁的主配料。清炒虾仁的主料量也是忽多忽少。这样不精准的菜谱或多或少影响了西方人对中餐的感受。在西方国家的工业革命后，精准和程序化、标准化是他们的刻板追求，早已深入骨髓。不管是意式、俄式、法式等饮食材料，都是用量杯等器皿来称量的，精确定量，这叫不欺瞒顾客，否则遭到投诉，会丢掉信誉的。

在老外眼里，中国人开的餐馆做菜不知为何这样随意。这是中西文化的冲撞。而事实上，这并不是中国人做生意不讲诚信，而是中国人做菜就是估摸着放材料的。中餐的传承都是口传身教。这是历史造成的，从客观上说，这确实不好。举个例子：每个人的生理机能不一样，师傅说放这些盐，是他的味蕾决定的，但是徒弟必须按照师傅的传授，多放一克盐或少放一克盐，都不算正宗。

所谓“众口难调”，西方人对烹饪一定是精确定量的，但中国人的餐桌上，食谱这个东西从来无法精确定量。

在国外米其林餐厅的食谱上看到：油 1/4 杯，盐 1/2 茶匙，白糖 2 茶匙。国内的食谱上是：味精少许，酱油适量，姜一块拍碎，白糖半勺。

在英国喝茶，会看到提示：一袋茶冲泡两杯的字样。西方人喝咖啡也是遵守一勺咖啡粉冲一个标准杯的原则。而我们在家泡茶，总是信手拈来，或多或少。

当今的世界，毕竟是快速发展的社会，精确量化是食品行业走向工业化大生产的关键一步。虽然这样的标准并不能统领万物，但绝对是一个重要指标。

所以，中餐若想普及世界，还有相当长的路要走。

5. 美国餐馆为何要小费?

不少朋友都知道西方国家有付小费的习惯，但为什么付？付15%是怎么算出来的？几天来，不少网友看到我论述美国经济的文章，提出了这个看似简单，但多数人不知道的话题。我以饭店管理学和市场经济学入手解答。

在美国餐馆，结账时给服务生留下15%小费是遵守规则，要是对服务特别满意，那么小费的比例应该达到20%。您别嫌给的小费多，在美国做餐馆服务生也真不容易。

当个服务生不仅要手脚麻利、服务到位，而且要眼观六路、耳听八方，脸上时刻挂着微笑，瞅准时机又恰到好处地与客人打个趣，为就餐中的客人助兴，当然这是西方文化的表现。

在国内大多数的餐厅服务员只是完成简单的点菜、送菜、撤菜。而到了美国餐厅，到结账的时候，如果有一位客人主动伸手要账单，而其他客人都闷头喝水或顾左右而言他，那么把账单递给他自然没有错。如果账单送过来了，桌上没有人主动伸手，这账单递给谁就有点学问了。在这个场合，“女士优先”完全不适用，不管有几位客人，只要有一个男的，那么就把账单递给那男的，就算账单被某个女士截了去，也不算失礼。如果有两个或两个以上的男士，那么这时服务生就要回忆一下，当时点菜的时候是哪一位客人点的葡萄酒或者点的贵的菜。因为酒不是给自己一个人喝的，所以点酒的人一般来说就是付款的客人。如果有两位或两位以上的客人参与了点酒，那么就把账单放在桌面中间，最好与这两个潜在的付款人大致相同的距离，由他们自己采取主动。这就是饭店服务生的小技巧。

在美国，餐馆里一般看不到客人争相付账的情形。但是如果遇到一桌华人，那么也可能会入乡不随俗，几个人同时站起来手里拿着美金或者信用卡在服务生眼前喊："我来我来"，这时训练有素的服务生会这样恭维客人们："哇，你们太棒了，我真想把你们每个人的钱都收过来！"如果这一招无效，那么服务生应该略微后退，为眼前这场君子之争留出足够空间，然后脸上带着微笑说："我倒要看看谁能胜出！"

服务生费尽这许多心机，就餐的客人们付出些代价也是应该的，但这还不是美国餐馆一定要收 15% 以上的小费真正原因。很多人都以为他们付出的小费都进了为自己服务的侍者腰包中，其实这是一个误解，因为美国大多数的餐馆都有一个小费再分配的过程。如果一桌客人消费是 200 美元，那么 20% 的小费就是 40 美元。这 40 美元要按比例分给其他服务人员，比如 6 ～ 8 美元要分给跑堂助手；给酒吧员分 3 ～ 4 美元；给传菜员分 2 ～ 3 美元；给领座员分 2 ～ 3 美元，等等。所以最后在前台的服务生可以拿到的小费是 20 美元左右，相当于客人消费额的 10%。而且，美国税务机构会把客人消费额的 8% 算作服务生的应纳税的收入。

这么算下来，如果一桌消费额为 200 美元的客人只给留下了 10%(20 美元）的小费，那么这位服务生不但什么都没有拿到，还亏了本。所以，小费给到 15% 以上是必须的。否则，侍者难免会给吝啬的客人难堪。

6. 筵席等同于宴席吗?

近来，为了选剧本，参加了不少宴席。发现不懂饮食文化的人居多，表现在迟到、乱坐、无序敬酒等。

在传统文化里，现在的宴席是从古代的筵席演变而来的。筵和席都是古代铺在地上的用具，以莞和蒲等编织而成。古人席地而坐，设席往往不止一层。紧贴地面的较大的一层称之筵，筵上面较小的称之席。人就坐在席上。《周礼·春官·宗伯》就说：“司几筵，下士二人。”贾公彦解释说：“设席之法，先设者皆言筵，后加者为席。”《礼记·乐记》说：“铺筵席，陈尊俎，以升降为礼者，礼之末节也。”

可见筵席是大型的。随着传统礼教的没落，才演变成了宴席。由祭祀、礼仪和习俗等活动而兴起的宴饮一般都是筵席；普通朋友聚会叫酒席。中国宴饮历史及历代经典，正史和诗赋等，是以酒为中心的。所以以酒为中心的安排就要求菜肴、点心、饭粥、果品和汤等遵循一定的顺序，对质量和数量都有所要求。这就是说，倡议者要明白请的人是什么级别，客人的尊卑和男女各几人都要在烹调和菜点上有不同的设置。

另外就是请客的座次很是讲究的。从古至今，由于坐具的演变，位置也有所调整。一般是尚左尊东。面朝大门的座位是尊贵的，辈分高的人一般坐在这里。如果是八仙桌，就是面对大门的右侧第一个是主位。如果不以大门为评判，就是东边的右席是主位。

这是对宴请人的尊重，也是考验自己的学识。写此普及之。

7. 你会吃日本料理吗?

具有悠久历史的日本料理，以其精细的选材、特别的调料、独到的烹调方式，加之雅致的器皿、怡人的就餐环境征服食客。日本料理店，可谓小有小的道理，大有大的特色，各自精彩。

“日本料理”，字面上就是把料配好的意思。而吃日餐，除了讲求用料，还追求一份心情。曾听行家说，吃日餐的感觉有点像喝日本的清酒，初时只觉淡如水，清婉得可以。清酒喝得多了，后劲却足，微醺却又清醒的感觉令人着迷。而日餐多吃几回，那种清淡也变得耐人寻味。

我对日餐情有独钟，吃了二十多年，不自觉地喜欢研究日餐文化。日本的饮食遵从着中国许多养生之道，在特色上：生、冷、油脂少、种类多、注重卖相，这是日餐的基本要素。日本料理又称“五味、五色、五法”料理。五味是甘、酸、辛、苦、咸；五色是白、黄、青、赤、黑；五法就是生、煮、烤、炸、蒸。

在饮食上更注意人体的消化规律。刺身应由较清淡的吃起，通常次序如下：北极贝、八爪鱼、象拔蚌、赤贝、带子、甜虾、海胆、鱿鱼、吞拿鱼、三文鱼、剑鱼和金枪鱼。把芥辣和酱油拌匀成糊状用来蘸寿司的吃法，在日本人眼中却是非常失礼的举动。其实，寿司本身已经放了芥辣，吃的时候只要把寿司一端约 1/4 位置蘸上酱油便可。而日本清酒可分三级，从低到高依次为：纯米酒、日本酿造、吟酿。

节令与食物：春季吃鲷鱼，初夏吃松鱼，盛夏吃鳗鱼，初秋吃鲭花鱼、秋吃刀鱼、深秋吃鲑鱼，冬天吃鲫鱼。日本四面临海，海产品自然是最重要的食物来源。配菜的装饰也突出季节的特点，如秋季喜欢用柿子叶、小菊花、芦苇穗，烘托季节的气氛。

而盛菜的器物也是多种多样，很讲究的。受中国的影响，要求一菜一器，按季节和不同的菜式选用，甚至盛器上的花纹也因季节而异。 日本料理的拼摆多以山、川、船、岛等为图案，并以三、五、七单数摆列，品种多，数量少，自然和谐。另外，用餐器皿有方形、圆形、船形、五角形等，多为瓷制和木制，高雅大方，既具实用性又具观赏性。

8. 跑步真能减肥吗？

说到减肥，很多人都用过减肥药和节食的方法，其实这是一种投机的思想。

当前，运动减肥是全世界公认的有效方法。在运动减肥中最常见的就是跑步减肥了，被人们追捧为有氧运动的标杆。但最大的问题是：不少人因为跑步，小腿变粗了。有些人长期跑步还会感觉到脖子疼，也有人脚后跟疼的。其实这是因为跑步姿势不对造成的。不要认为人人都能跑，都会跑。

如果你跑步时习惯前脚掌先落地的话，那你就要跟纤细的小腿说再见了，前脚掌落地虽然跑起来轻松，但是会造成小腿粗壮。功夫巨星李小龙的跑步方式，就是利用脚趾先着地，从而达到锻炼小腿肌肉的效果。如果是为了减肥，最好的方式是脚跟落地，接着前脚掌触地。这样跑步虽然累，同时也会多“赔送”几双袜子，但减肥会有效，又不会造成小腿粗壮。

跑步时，频率也很重要，和体育大学研究运动的朋友探讨，对方认为跑步的速度最好和心率保持一致。也就是心跳在每分钟 80 ～ 90 的朋友，跑步时每分钟 80 ～ 90 步为宜。

为了更科学，跑步前的热身运动是必不可少的。为了防止肌肉拉伤和扭伤，跑步前一定要先热身，再跑步。因为一旦出现肌肉拉伤，需要休养很久才能让肌肉恢复健康，那样就得不偿失了。

很多人跑几十分钟后，就停下来休息，认为这样就完成了一天锻炼的目标。其实不然，跑步后，一定要做一些拉伸运动。即使身体不便或者过于肥胖也要用手够一够脚尖，以达到拉伸腿部韧带的目的，左右摇摆使腰部肌肉放松等。这些伸展运动的目的是缓解肌肉紧张，能够有效保持腿型完美，也能减少肌肉酸痛。

跑步的讲究有很多，而且跑步减肥是一个长期坚持的过程，养成爱锻炼的好习惯，才是当下的人应该提倡的。

9. 到美国必吃的菜

暑期到了，很多人要带孩子放松心情出国旅游了。出国首先遇到的问题就是“吃”。说起中国菜，大家都耳熟能详，知道有八大菜系，什么“鱼香肉丝”“白斩鸡”“葱烧海参”“四喜丸子”等。但到了美国，对于美国的菜系就陌生了。一般人知道美国食物有汉堡、薯条、猪排等，那么你就OUT（落伍）了！其实美国的大餐也分菜系的，具体来讲就是有六大菜系。

1. 美国的西南区：其中包括亚利桑那州、新墨西哥州、得克萨斯州这三个靠近墨西哥边境的州，这些菜式在保留美国口味的同时也受到浓郁的墨西哥风味影响。

代表菜： 烧烤排骨。

德州烧烤很出名，有猪肉、牛肉、鸡肉、香肠。最好吃的绝对是排骨。

另外：红豆汤也是其特色食物。

主要材料是红豆，其他佐料取决于区域特色。美国很多地方每年举办红豆汤比赛。

还有一种食品叫牛油果酱。

牛油果酱在美国是非常常见的食物，通常会配上玉米片吃，那种酸中带辣的口感异常开胃。还可以将牛油果和番茄、洋葱、香菜、辣椒、盐巴、柠檬汁拌在一起。

2.Cajun（卡津）料理，这种料理可能很多中国人还不知道。美国版图南疆的正中，得克萨斯州的东南部，有个州叫路易斯安那，这个州有很鲜明的法国、西班牙和非洲文化，近百分之五的人会说法语。据说这是美国五十个州里唯一一个有胆量和资格说自己有独特“菜系”的州，其中一个就叫Cajun，这个词目前好像没有中文翻译，它是指18世纪移民路易斯安那州的法裔。他们的料理是美国最独特的，把法国菜、印第安人菜和非洲菜结合起来。

鸡杂饭是这个菜系的代表，将白米、鸡肝和鸡胗烹调并添加香料和调料，在美国路易斯安那州的南部地区最为流行。

第二个就是秋葵汤，是非常有名的料理，中国人普遍把gumbo翻译成“秋葵汤”，所以我也就跟着这样叫了。其实我觉得它不太能算一道汤，因为秋葵的加入使整道菜呈现黏黏糊糊、浓稠的感觉，跟米饭真是绝配，非常下饭。

不能不说的还有什锦菜。有一首我忘记名字的歌曲，唱的就是路易斯安那州新奥尔良人的生活片段，新奥尔良最著名的食物被很多人翻译成什锦菜，实际上它是一种煮饭，Cajun式什锦菜有米饭、香肠、鸡肉，还有各种蔬菜。

3. 在太平洋沿岸的几个州，包括加州、俄勒冈州、华盛顿州、夏威夷州，这里因为靠海所以海鲜多。加州是美国特色农业产品最多的州，四季都有新鲜的水果、蔬菜，所以这个地区有很多沙拉之类的料理。同时该地区料理受到墨西哥和亚洲国家风味的影响。

最著名的是墨西哥卷饼

人们认为它是墨西哥菜，其实它是在旧金山发明的！有很多食材可以卷入其中：鸡肉、猪肉、牛肉、玉米、大米、青椒、番茄、辣椒、洋葱、鳄梨等。到旧金山的朋友一定去渔人码头吃这种食品，很便宜。

还有一种好吃的煎金枪鱼，加州式烤金枪鱼有点像日本料理中的生鱼片，区别是它会被煎一下。结果外面一层是熟的，里面是生的。只要金枪鱼是新鲜的，这个菜就会很好吃。

加州寿司卷据说是 1970 年一位寿司餐厅里的师傅发明的。当时美国人对刺身寿司不太习惯，于是师傅便以牛油果取而代之，加入蟹肉及青瓜卷在一起，最终改良成把紫菜卷在中间，做成饭卷。后来，经师傅改良过的加州卷得到美国人的接受并在美国各地盛行，加州卷在 20 世纪 80 年代传回日本，成为寿司的一道款式。

我爱吃一种烧烤鸡肉比萨，典型的美式比萨在纽约和芝加哥。加州人喜欢把比萨做成比较有特色的版本。这个用烧烤酱代替番茄酱，上面放烤鸡肉、洋葱和香菜。

在自助餐里，有一种菜：熏三文鱼。

华盛顿州、阿拉斯加州最好吃的特产就是三文鱼。当然三文鱼有各种做法，但是最好吃的是熏的。熏三文鱼来自当地的印第安人悠久的做法。又脆又嫩，简直太好吃了。它也可以有不同的口味：辣椒味、黑胡椒味、麻辣味等。我在美国吃自助时，必吃熏三文鱼。可惜就是没有酒佐餐。鳄梨、橘子沙拉、甜菜沙拉和梨干酪沙拉也是不错的。

4. 南方非洲人料理，被称之为心灵菜。因为很多非洲人到城里打工吃到家乡的味道有一种“心灵很惬意”的感觉。

代表菜有手撕猪肉三明治，非洲人的手撕猪肉非常好吃，是经过24小时慢烤出来的，嫩嫩的，味道很好。

据说非洲人最爱吃芥蓝和培根，我倒是没见证过，但好像非洲人爱吃玉米面包。美国人普遍爱吃的是美洲山核桃派，里面有蛋黄、红糖。

5. 纽约料理是美国犹太人最爱吃的。

有特点的是鲁宾三明治腌制牛肉和瑞士芝士和腌制白菜，十分美味。

6. 新英格兰料理。

炸蛤蜊和螃蟹饼是最大的特色。

新英格兰人喜欢把蟹肉做成饼再煎。

中国人到了纽约必吃的是奶油蛤蜊汤。

典型的新英格兰料理，里面有奶油、土豆、蛤蜊、葱。

10. 美国为什么重男轻女

2018 年美国有关机构做了一项“如果只生一个小孩，生男生女”问题的成年人抽样调查，60% 受访者表示愿意生男孩，28% 受访者表示愿意生女孩，其余表示没想好或者无所谓。

美国和中国的文化不同，信仰不同。特别是不存在亚洲国家家庭继嗣和姓氏传递的传统观念，但为什么美国人也有重男轻女思想呢？他们都有哪方面考虑？我想试着总结以下几点：

（1）在美国，男性往往比女性赚钱更多。

美国作为一个经济大国，细化到每个家庭，都很看重家庭财政的数据（注意啊，不是注重钱的量）。在美国的财政部有过记录：近 200 年来，男性赚钱的机会普遍高于女性，所以家庭收入的稳定，是美国家庭和谐的基础，他们自然在潜意识里更加偏向生男孩，不是为了传宗接代，而是减少生活的压力。近 50 年来，美国的年轻人，喜欢男孩的比例占 6 成。而这个年龄段的人们，刚好处于开始独立生活以及寻觅工作和爱情的关键时刻，他们对性别的偏好真实反映了他们的内心渴求。虽然也有生了几个女孩后，成为赚钱主力的范例，但不足以成为主流。

（2）人性的本质，女孩比男孩更让父母操心。

这种思想是全人类的问题，无论你是什么宗教信仰，都会担心女孩由于青春期、未婚先孕问题，传统概念的男占便宜女吃亏。而男孩，就算在青春期偷尝禁果，也无伤大雅。为此，美国人潜移默化地认为：男孩在青春期里，能让父母省心。在生孩子问题上会存在一定的偏向性。美国人的这种担心，也充分说明了一点：在当今美国，未婚同居现象泛滥，甚至很多的美国女大学生都非常热衷婚外情，或出于对异性身体结构的好奇，或对性知识的过度了解。

（3）日常生活开支，不容置疑，女孩的成本高过男孩。

这也是全世界的普遍现象，美国人没有生男孩为了养老的概念，美国人潜移默化的是资本的利用问题，这个很俗的问题，已经深入民心。从花销上来说，女孩的抚养成本要高于男孩。不仅仅是女孩比男孩爱美，更需要化妆、穿衣、社交等，在工作的投入成本也较高。所以在美国，生男生女的回报率虽然是同等的，但抚养成本上的不同，会让许多美国家庭认为抚养男孩，更加省事、省心、省钱。尽管说美国已婚女子没有这方面的考量，但是美国已婚男性一定会有这方面的考量。

（4）论地位，男孩更容易让父母有面子。

无论如何，这个社会的现状是雄性的世界。虽说美国是所谓的民主国家，喊着男女平等。子女成年后，就开始自己的生活了，但是血缘关系让美国父母对孩子的生活岂能不闻不问？这是全人类的共同心结。中国有句老话：三十年前，看父者敬子；三十年后，看子者敬父。美国男性较女性更容易获取事业上的成功，更容易获得让人尊重的社会地位。当子女有了一定的社会地位，作为父母，脸上肯定有光彩。介于这方面的考虑，美国家庭对生男孩的期望值高也就显而易见了。不仅美国无法做到真正意义上的男女平等，我想很多国家都难以做到。

（5）看性别，美国男人更倾向男比女强。

研究人类繁衍的机构调查显示，女性对于性别上的偏好似乎并不明显，一方面，女性的母爱在时刻提醒着她们：作为自己的孩子，不论男女，都值得自己爱护与疼爱。但是，美国已婚男子，偏好生男孩的想法高达50%。虽然不能把这种现象上升到性别歧视的层面，客观上人口数据显示，在很多国家都是男多女少。也就是说，让人们在思想上、观念上、行为上真正做到男女平等还有更长的路要走，或者说重男轻女现象源于男女有别，很难做到女权主义想要的平等。

11. 秋冬进补有讲究

秋冬时节，是体虚之人进补的好季节，选用中药温补是一个很不错的选择。但“虚”的原因各不相同，因此进补时要因人而异，因体质而异。秋冬，人体阳气内藏、阴精固守，是机体能量的蓄积阶段，对于身体虚弱的人是进补的好时机。我国古代医药学者认为，秋冬选用中药温补，可增强人体脏腑活力，不仅有益于这一时令的防病强身，还能为来年的健康打下基础。通过中医养生调理，还能改善女性血气虚弱、容颜衰老等问题。许多药书指出，很多人都会有虚不受补的情况出现，“虚不受补”即患者体虚，而不能接受补药之谓也。主要原因是脾胃虚弱。由于胃的消化功能差，而补品又多为滋腻之品，所以在服用后，不但不能被很好地消化吸收，反而增加了胃肠负担，出现消化不良，有嗝打不出等症状。而体虚又分为很多种类，包括气虚、血虚、阴虚、阳虚等。讲得通俗一些，气虚表现为动则气短、气急无力。怕冷的感觉不明显。血虚主要表现在心肝二脏上。心血不足表现为心悸、失眠多梦、神志不安等。肝血不足则表现为面色无华，眩晕耳鸣，两目干涩，视物不清等。阳虚表现为身寒、肢冷、小便清长、消化不良、便稀。阴虚表现为五心烦热或午后潮热，盗汗、颧红、消瘦、舌红少苔等。只有确定个人的体质后，决定补什么才是关键。

在众多的补益药之中，应该如何选择呢？其实针对气虚、血虚、阳虚、阴虚等四种体虚的类型，选用补益药中的“四大名补”——人参、阿胶、鹿茸、冬虫夏草将大有裨益。

补气虚为主——人参，人参性温，味甘微苦，入脾、肺二经，大补元气。现代药理研究发现，其主要有效成分为人参皂苷和黄酮类物质，分别有抗衰老、抗疲劳、对抗有害物质、抗肿瘤、提高免疫力、调节神经和内分泌系统等功能，增加冠状动脉血流量，减少心肌耗氧量，调节血脂，防止血管硬化等作用。

补阳虚为主——鹿茸，鹿茸性温，味甘咸，入肝、肾二经，有补肾壮阳之效。李时珍在《本草纲目》中称鹿茸能“生精补髓，养血益阳，强筋健骨，治一切虚损……”现代药理研究表明，鹿茸含多种氨基酸、硫酸软骨素、雌酮、骨胶原、蛋白质和钙、磷、镁等矿物质，有滋补、强壮作用，可使血中的红细胞、血红蛋白和红细胞增加，中等剂量可加强心肌收缩力，对心衰有强心作用。服用可使人精力充沛，但阴虚者不服。

补血虚为主——阿胶　。阿胶性平，味甘，入肺、肝、肾诸经，以滋阴养血著称。历代医家视阿胶为妇科良药。民间称阿胶、人参、鹿茸为冬令进补“三宝”。又因阿胶对调治各种妇科病有独特之功，尤得女士们青睐。

补阴虚为主——冬虫夏草，冬虫夏草性温，味甘，入肺、肾二经，有补虚损、益精气、止咳化痰之功效。现代药理研究表明，冬虫夏草含蛋白质、脂肪、糖、粗纤维、矿物质、虫草酸、虫草素和维生素 B 等成分，有增强免疫功能、增加心肌血流量、降低胆固醇，抗缺氧、抗病毒、抗菌和镇静等作用。

有人说你别讲这些专业人士看的理论，来点实惠的吧。

我知道大家都对食补情有独钟，我就讲一个经济实惠的药膳吧。

取老公鸭 1 只，冬虫夏草 10 克。鸭去毛及内脏，将鸭头顺颈劈开，将冬虫夏草数枚装入鸭头和鸭颈内，再用棉线缠紧，余下的和生姜、葱白一起装入鸭腹内，放入盆中，注入清汤，用食盐、胡椒粉、料酒调好味，密封盆口，上笼蒸约 2 小时，出笼后拣去生姜、葱白，加味精，即成一道闻名遐迩的“虫草全鸭”。

三、军事篇

1. 函谷关为什么是兵家必争之地?

提起“一夫当关，万夫莫开”的成语，人们都知道这是形容一个地理环境的险峻。中国有很多这样的险峻地貌，在和平时期引来了无数旅游者的青睐。我在这里提到的函谷关，是真正的“一夫当关，万夫莫开”的出处所在！

这次来到坐落在三门峡地区的函谷关，让我有时间充分考察了这里的地形地貌，为我的战争史研究提供了可靠的实地论证！

“老子骑青牛出关”也是在这里。“道行天下，德润古今，尊道贵德，天人合一”的哲学理念和这里的地理环境相得益彰。远眺这独特的地质构造，我感受到了“远眺成林，近观成峰”的罕见奇观，使人有畏惧之感。我站在函谷关的塔楼之上，俯视这闻名遐迩的关隘，把函谷关称为“门神”一点不为过！因为它确实控制着关中与中原之间的通道，地图上标示函谷关西面是高原，东面是绝涧，南面挨着秦岭，北面接着黄河，这样的地理位置是很少见的，它把我国地理的西高东低的构造，呈阶梯式的延展呈现到了极致！妙哉！所以作为军事要塞是再合适不过了。任凭你有天大本事也不可能跨过高原，渡过黄河，翻过秦岭。

纵观中国历史中的战史，只要出现分别位于关中和中原的两股政治集团交锋的时候，双方必定以函谷关为争夺的第一要务。如果关中一方占据函谷关，则足以保障关中东部门户；如果中原一方占据函谷关，则关中必危。函谷关依险而立，这就是“一夫当关，万夫莫开”的来历。下面我就摘几个发生在函谷关的战例。

战国时期，楚、赵、韩、魏、燕五国联军攻秦，杀到函谷关下，秦国一方面用金钱、美女行贿联军中的一部分军士，另外也派兵出关反击，由于联军各怀鬼胎，而且是从下往上攻，纵然合五国之力，精兵、猛将、谋臣云集，面对函谷关天险，却无可奈何。最终被秦国击败！大汉皇帝刘邦在当年率军西伐关中，不从正面攻函谷关，而绕道入武关，不能不说是出于对函谷关天险的顾虑。当然，当时的项羽也是大意了，没有侦察到刘邦的大军移动，为日后的悔恨埋下伏笔。

建安十六年，曹操讨汉中张鲁，走的也是这里。马超率十万将士扼守潼关（即函谷关北），曹操纵有高超的军事才能，也久攻不克，后北渡黄河，从上游南渡，历尽艰险，才击破马超。

到了南北朝时东魏天平三年，高欢领军三路攻关中，以猛将窦泰攻潼关，自率主力从蒲坂渡河，西魏宇文泰集中精锐，更是依仗函谷关的险要，击破攻潼关的窦泰。

李渊入关中后，当即遣世子李建成率兵把守，李渊在潼关屯兵，从容经营关陇，依靠函谷关的天险，无人来攻，养精蓄锐，开创大唐基业。

所以说，从中原要想入侵关中那必须得攻破函谷关，可见这个函谷关的厉害之处。现在的函谷关已是旅游景区了，这里文化内涵丰富。从这里启程向东向南，都是一马平川了。

2. 十八般兵器都有什么?

来我家的朋友大都愿意看看我的练功房。但面对我的兵器架上的诸多兵器，能说出来的，真的不多。我就以此为题，普及一下武侠小说中常提到某某大侠“十八般兵器”样样精通！那么这里的十八般兵器是指什么呢？明人谢肇淛《五杂俎》中对“十八般兵器”的具体内容作了记述：“一弓、二弩、三枪、四刀、五剑、六矛、七盾、八斧、九钺、十戟、十一鞭、十二简、十三挝、十四殳、十五叉、十六耙头、十七棉绳套索、十八白打。”前十七种都是兵器的名称，第十八名曰“白打”其实就是徒手拳术。而在《水浒传》写的是：矛、锤、弓、弩、铳、鞭、锏、剑、链、挝、斧、钺、戈、戟、牌、棒、枪、杈。此外，还有的称十八般兵器是九长九短：九长就是枪、戟、棍、钺、叉、铛、钩、槊、环；九短是刀、剑、拐、斧、鞭、锏、锤、棒、杵。

虽然对十八般兵器的叫法和排序有不同的说法，但总的说来，这十八般兵器都是常见的，也是古代冷兵器的代表。肯定不能代替全部的兵器，诸如大家都知道的：匕首、三节棍、飞刀等就没有包括。所以随着科技的发展，我的兵器也是强身健体的工具了。

3. 莫斯科红场的名称是怎么来的?

红场是俄罗斯举行各种大型庆典及阅兵的中心地点，是世界上著名的广场之一，它位于莫斯科的市中心，西南与克里姆林宫相毗邻。红场大约建于15世纪末，17世纪后半期才被命名为“红场”。在俄语中，“红场”的意思就是“美丽的广场”。

红场原来叫“托尔格”，译为“集市”。它的前身是15世纪末的伊凡三世在城东开拓的“城外工商区”，很多人都在那里洽谈商务。1493年，克里姆林宫发生了一次特大火灾，熊熊的大火烧毁了大量的木质结构的建筑。于是人们调侃地叫它“烈火广场”。16世纪有人把它叫作“托罗依茨广场”，因为在广场的南边有一个托罗依茨大教堂，因此得名。16至17世纪，广场成了古代莫斯科的政治和贸易中心，俄罗斯帝国在这里建造了一个宣布皇帝诏书和执行死刑的高台。1662年，改称“红场”。十月革命以后，“红场”的古老名字又有了新的含义：红色是为苏维埃政权而流血牺牲的象征，是革命红旗的颜色。

红场的大规模扩建是在1812年前后。那时，拿破仑的军队纵火焚烧了莫斯科，莫斯科人民在重建家园时，拓展了广场。到了20世纪20年代，红场又与邻近的瓦西列夫斯基广场合二为一，才形成了现在的规模。红场呈长方形，南北长695米，东西宽130米，总面积是9.1万平方米。广场用赭红色方石砌成，油光锃亮。广场两边呈斜坡状，使整个红场有一点点隆起。

红场有不少的著名建筑。西侧就是现在总统工作的地方——克里姆林宫，列宁墓就在克里姆林宫的前面。南边是旅游胜地——瓦西里大教堂。北侧是国家历史博物馆，它建于 1873 年，也是莫斯科标志性的建筑。附近还有苏联非常著名的元帅朱可夫的雕像。东面是购物达人爱去的世界十大知名百货店——古姆商场。

这一切都表明世界和平是多么的重要！

4.“东京玫瑰”是谁?

连续收到几个以二战为背景下的谍战剧本。苦读一个星期，大部分都是千篇一律的赘述，毫无新意可言。但有一个剧情很是新颖，描写的女间谍也算是独到。

女主人公就是二战时期的“东京玫瑰”。既然挑出了毛病，就有责任把我知道的一些有关“东京玫瑰”的基本情况说明。

那么“东京玫瑰”到底是谁呢？话说太平洋战争爆发后，日本军方准备和美军一决雌雄，同时最大可能地瓦解美军的斗志，利用空投传单和广播宣传大打心理战。播音员们操着熟练的英语以极其诱惑的声调广播日本如何顺利进军和消灭了多少同盟军的假消息。更有甚者还播放了即将要取得全面胜利的假新闻。这些播音员还暗示战斗在一线的美军官兵们，他们的家属在本土早就不甘寂寞，和其他人干了一些勾当。这些无疑给了美军沉重的打击，不少美军的士兵无法控制寂寞和浓重的归国乡愁。

这些女播音员被美国有关部门统称为“东京玫瑰”。事实上，“东京玫瑰”作为个人的称号是不存在的。她们是一个集体。我查证了一些二战资料和档案，据说日本当时共有13名这样的女播音员。而其中具有代表性的一名播音员还真的被美国官方媒体认定为“东京玫瑰”，这名女性叫户栗郁子。

户栗郁子出生在美国的一个日本移民家庭。“珍珠港事件”爆发前夕，她回日本去探望生病的姨妈，由于一些原因，户栗郁子没有办理相关的签证，就离开了美国。因此，当美国和日本宣战后，她已经无法回到美国了。

户栗郁子身悬日本，人生地不熟。别看她是日本人，但她一点日语也不会，更不被日本当局重视和信任。后来，为了生存，她找了一份在东京广播电台做打字员的工作。因为户栗郁子的美式英语太地道了，她被派往编辑部，以校正广播稿中的语法和读音错误。再后来，她直接被派往一线去播音。播报的内容不外乎一些战俘信息，一些战争进展以及对盟军的战术讽刺。

1949 年 10 月 6 日，户栗郁子以叛国罪被美国逮捕并审判。她最后被判处 10 年徒刑并被处以高达 1 万元的罚金。1977 年，美国总统卡特宣布对她实行无条件的特赦，恢复了她的美国国籍。

5. 为何称日本侵略者为“鬼子”？

明清以来，称日本海盗为“倭寇”，甲午海战前夕，清廷派一位大臣出使日本，记者会上日方出了对联：骑奇马，张长弓，琴瑟琵琶，八大王，并肩居头上，单戈独战。清朝官员也不示弱，奋笔写下联：“倭委人，袭龙衣，魑魅魍魉，四小鬼，屈膝跪身旁，合手擒拿！”

虽然清朝政府在甲午海战中输掉了，但这副对联无疑是对当时的日本政府一个响亮的回击。从此“日本鬼子”的称号深入国人心中。

6. 抗日战争时期的日本宪兵队是什么编制?

“宪兵队”在抗日题材的影视作品中经常出现。“宪兵”原是“军中警察”的意思。在抗日战争中隶属于日本中国派遣军的宪兵部队。它自成体系，在当时的侵华战争中，它的总部设在南京，称为宪兵司令部。下属有“中支”和“北支”首任司令官是大木繁。

“宪兵队”的残暴是罄竹难书的。在整个抗日战争中，“宪兵队”是分三个阶段发展的。第一阶段从 1937 年开始，到 1941 年止，这一阶段可谓是日军最残暴、最猖狂的时期，也是杀害我同胞最多的一个时期。第二个阶段是 1941 年 12 月开始，到 1944 年下半年，这时期的“宪兵队”深深地陷入我抗日战场上不能自拔，呈现出外强中干的态势，以怀柔政策在支撑。第三阶段是美军在外围和日军的作战，使日军“宪兵队”呈色厉内荏之势，不过他们还在垂死挣扎，继续屠杀我抗日军民。

由于日军以我国的上海为中心，大力发展宪兵部队，目的是上可承接北方的战场，下可支援南方的侵华日军。所以以上海为中心的宪兵队伍最为强悍。在我抗日武装不断打击下，连换五任指挥官。

分别是：

第一任：三浦三郎，少将，1931 年到 1940 年。

第二任：纳见敏郎，少将，1940 年到 1944 年。

第三任：木下荣市，少将，1944年到1945年6月。

第四任：四方谅二，大佐，1945年6月到1945年8月。

第五任：山崎直吉，大佐，后被审判。

“宪兵队”的编制中，最有名的，就是“特高科”，分别由日军的中佐担任课长。分别是大井英夫、林中佐、长光捷志等。“宪兵总队”没有司法权，只有留置权，也就是抓人！凡是被宪兵队抓走的，很难完好出狱。这就是当时大家一说到日军“宪兵队”就大惊失色的原因。

7. 上海大亨张啸林到底是死于谁手？

张啸林，民国上海三大亨之一，年轻时候争强斗狠，认识了黄金荣和杜月笙后，合开三鑫公司，同时被蒋介石重用，三人都被封为少将参议。三人都是青帮老大级的，张还比杜大一个辈分。抗日战争期间，蒋介石看到上海已经守不住了，担心上海三大亨被日军收买，就命令三人都退往香港。但只有杜月笙去了香港，黄金荣当起了“愚公”，张啸林不想离开上海，这是他的根基，特别是张啸林看到杜黄二人都让出了上海这块宝地，他就有了自己的如意算盘。

1937 年 11 月上旬，上海沦陷。日军上海派遣军司令官松井石根很快便与张啸林达成了协议。之后，张啸林命令门徒，胁迫各行各业的人与日本人“共存共荣”，大肆镇压抗日救亡活动，捕杀爱国志士。又以“新亚和平促进会”会长的名义，派人去外地为日军收购粮食、棉花、煤炭、药品，强行压价甚至武装劫夺。还趁机招兵买马，广收门徒。张啸林的投敌活动，引起了国民党的极大不安。除掉张啸林，已是当务之急。 于是戴笠命令上海的军统尽快行动，而上海的军统行动队也确实进行了三次针对张啸林的暗杀，但都以失败告终。

上海的军统负责人陈恭澍顶着上级的压力，但一直没有新的进展。一天，上海行动队第二大队的负责人向陈恭澍汇报了一条消息：张啸林身边有个保镖愿意刺杀张。

陈恭澍很是意外！在 20 世纪 80 年代，陈对此事有了一个系统的解读。听起来是很有意思的陈述，因为陈恭澍是上海刺杀张啸林的第一负责人，他一直不肯说张啸林是死于军统的暗杀！所以，中国早期有一部电影《大上海 1937》讲述的张啸林之死就有一些是演绎和艺术加工了。

话说陈恭澍从一个老特务的角度，发现了几个疑点。第一：作为有着特殊训练的军统人员，不管是在哪个岗位，都是需要严谨的工作作风的。在情报来源上，讲究把事情的来龙去脉都要上报并备案的。但是在刺杀张啸林这件事上，情报只是一张纸条，上写：张啸林身边有人愿意帮我们（军统）刺杀张。（陈恭澍的回忆）这太不符合情报的正式性了。所以陈恭澍警觉地叫第二大队的队长继续仔细充实这份情报。过了几天，电话报告：有一个叫林怀部的人，在张啸林身边当差，就是这个叫林怀部的人愿意刺杀张啸林。陈恭澍在老年回忆说："这太奇怪了。我不追问，他们不汇报。一个短短的报告也要分两次说，这完全不是我们军统的风格！"陈恭澍回忆说："我在追问详细情况时，我的手下说话谨慎，只是告诉我此人不愿意太暴露，更不想以军统身份参加此次行动，完全是个人行为。"按照陈恭澍当时的理解："第一次遇到这样的合作！但不管是真是假，能杀了张啸林就是替我们完成了一个任务。"在当时，等了五六天也没动静。就在陈恭澍急得不行，又不知道怎么深入了解时，突然值班人员把当天刚出版的报纸送来了。陈恭澍打开第一版，版面上赫然写着："上海大亨张啸林昨日遇袭身亡。凶手叫林怀部，当场被捕，系张啸林的保镖。"陈恭澍又惊又喜，忙召开会议确认此事的真实性。后来经过细致的调查，刺杀经过大致被描绘出来了。原来，林怀部早前是上海租界的巡捕，由于犯了纪律被开除，投到了张啸林门下当保镖。刺杀张啸林当天的中午，林在张啸林司机的车旁休息，突然听到张的司机说，下午还要林跟着出去一趟。林怀部说："我才挣20法币，多加的活儿要加钱，我也要养家糊口。"张的司机和林吵了起来，不一会儿，就惊动了张啸林，张站在走廊骂林怀部，说他不识好歹。林怀部顶嘴后，一气之下，举枪射向张啸林的头部！随着三声枪响，张倒在廊前。林转身就跑，被其他闻声而来的保镖抓到。

事件很惊悚，但事实就是这样简单！

据说林怀部被捕后，一直被关押。直到日本投降后，才被放出。陈恭澍以一个严谨的态度和间接当事人的身份做了几点说明：第一，报纸上指明刺杀张啸林的是林怀步，而不是林怀部。第二，也是重点，就是林既然向我们（军统）明确了要刺杀张啸林，但为什么是在和司机吵架后，才怒射张啸林，而且张是闻讯才露头的！第三，军统内部联络林的人为什么一直到最后也没有把林怀部刺杀张啸林的大事记录在军统内部的档案里？第四，若是林怀部真的阴差阳错帮助了军统刺杀了大汉奸，为什么在入狱后，一直不通过人传话给军统救他。第五，出狱的林怀部，为什么不找军统报功？要知道在当时即使是间接帮助军统的有功之臣，大多数人也是在合适的时机，不失时机地去领功。

我想，报纸上的名字和军统上报的名字不一致，不算大事，那时候，为了保护自己，有可能说假名或者报纸的编辑自己写错。最大的疑点就是陈恭澍的第二点，林怀部的刺杀节点是不是太巧合了？难道没有林怀部和司机的争吵，就没有刺杀张啸林的契机了吗？最后就是林一直没有承认自己是帮助军统工作，这不是觉悟，是开始时的约定！

那么现在再读到张啸林之死时，就不能把这事算在军统头上，只能就事论事。

8. 汪伪魔窟 76 号到底长啥样?

“76 号”本是一个门牌号，和各地大街小巷的门牌号没什么不同。它的出名源于汪伪政权的特工总部所在地。

坐落在上海的极司菲尔路 76 号（现在的万航渡路 435 号）是汪伪特工总部的办公地点，全称是“中国国民党铲共救国特工总指挥部”。此处原来是军事参议院院长陈调元的私产，日本侵略者占领上海后，把此房产当作汪伪特工的大本营。

不知道谁的主意，把原来的院门进行了改造，改用马口铁包装，并刷上黑漆，真正代表了邪恶和黑暗。

“76 号”一进大门，往右拐，就是一条 30 米的甬路，南北向各有一排平房，间隔成一个一个的小房子。坐南朝北的那一排，头一间室内陈设简单，木制桌椅，这就是审讯室。凡是抓进来的人都要先在这里接受问话，也就是初步登记和审讯。对面的一排，内侧第一间是办公室，属于特工总部行动科，与这间房相连接的是一个大通间，这里是行刑室，里面各式各样的刑具令人胆寒，所有的窗户都被木板封住，更显阴森。

与一进来看到的甬路相对的，是一道小窄门，这是为原军统第四大队队长万里浪修缮的，原来的一个墙体，打出一个门洞，供万里浪上班通行，也是为了保护这个汉奸免受刺杀。从这里开始就有武装人员站岗了。大门左边是一个弄堂，叫“华邨”。这里是“76 号”的宿舍，全部人员都有胸章，外人很难进入。过了宿舍，有一个二门，周边全是便衣执勤。知情人都知道，这里的便衣一旦换上武装人员了，就说明要有政要人物来访或者是大型会议要开。这里的武装人员有200多人，隶属特工总部的警卫大队。

进入二门前行50米，是一座大洋楼。“76号”的人管这里叫“高洋楼”。这里才是汪伪特工的首脑真正办公的地方！进入大门的台阶就有十多阶，门前是双岗！进门的右边是会客厅，富丽堂皇的。左边是会议室，也当宴会厅。两甬道中间是楼梯，能去二层。每天必上班的是“76号”的书记长傅也文。

在此楼左侧不远处，有一排新房，是为日本人盖的。上海日本宪兵队的几个人就在这里办公。这些日本人虽然不在大洋楼里办公，但是身份特殊，对外全称顾问。

此楼右侧有一大片房舍，这里就是人称“魔窟”的黑牢。面积大约150平方米，整个抗日战争中，关在这里的抗日志士有300人之多。据打进汪伪内部的内线叙述，黑牢最多能关400多人。

再说说这里的刑罚。基本上是四种。电刑、皮鞭子、老虎凳、灌凉水等。电刑一般不用，打入汉奸内部的军统局人员写的回忆录说，由于电刑在当时属于高级刑罚，行刑人员大都掌握不好分寸，有过电死人的记录，所以不怎么用。而皮鞭子也不是大家在电影上看到的骑马的皮鞭，而是宽6.6厘米，长66厘米，厚6.6毫米的皮板子！刽子手把鞭子立起来，抽下后，随即手腕一转，一层皮就掉了。(想想都不寒而栗)

老虎凳就是往受刑人腿下垫砖！20世纪有一部红色电影《永不消逝的电波》的主人公李霞就是受到了这种酷刑。军统上海区的陈恭澍有过被捕经历，他介绍说，一般人一上老虎凳，腿下垫3块砖，就会残废！所谓的灌凉水，不是一般人理解的往嘴里灌，而是把人倒吊着，往鼻子里灌！而且水里有辣椒面！

“76号”的办公职能参考了国民党军统的行政，分为一处，处长万里浪，专门侦破军统；二处处长胡均鹤，专门对付中统。

四、自然篇

1. 马为何排六畜之首?

马为何排六畜之首？可能没人深究。哪六畜呢？分别是：马、牛、羊、鸡、犬、猪。那么马怎么就排在其他五种家畜的前面呢？

我看有这么几条。第一，马在人类进入到农耕时代，就与人相处了，可以说是人类的老朋友了。马在农忙时是人类的开垦帮手，在闲暇时是人类的交通工具。第二，在几千年的社会进程中，战争时常伴随着人类，而马的力量和速度成为人类军队的重要组成部分。特别是在冷兵器时代，马与各种兵器一样，是士兵和将领不可或缺的利器。唐代杜甫诗曰：“所向无空阔，真堪托死生。骁腾有如此，万里可横行。”就是对马的高度赞扬！大唐的开国皇帝李世民的墓葬就有单独为他的战马而设立的单元。足见古人对马的看重。第三，中国的传统文化中，对马相关的描述简直到了天物一般。传说马诞生时生有双翅，叫天马。它地上会跑，水中能游，天上能飞，是一种极有威力的动物。楚国大夫屈原在《离骚》中就赞美：“乘骐骥以驰骋兮，来吾道夫先路。”描绘了马昂扬飞腾的姿态。从传说到诗句的描绘，都不难看出马与人的接触是非常早的。第四是马的品行：勇敢、忠诚、憨厚、勤劳。比较全面地符合人的需要。而且马的外形是飘逸灵活的，是美的象征。

在河南出土的甲骨文中，有些“龙”字，头部窄长，很像马头。在古人心目中，马是具有龙性的，这反映在一些古籍中。《周礼》：“马八尺以上为龙。”《山海经·图赞》：“马实龙精，爰出水类。”《吴承恩诗文集·送我入门来》：“马有三分龙性。”《全唐文·上龙马奏》：“有马生龙驹……身有鳞而不生毛。”柳宗元《龙马图赞》：“始吾闻明皇帝在位，灵昌郡得异马于河西，其状龙鳞、虺尾……帝西幸，马至咸阳西入渭水，化为龙，泳去，不知所终。”

所以，我们人类总是把美好的意愿与身边的动物相联系。因而，马排六畜之首是实至名归，当之无愧。

2.“银川”的由来

随着身边的宁夏朋友增多，对宁夏的人文更加关注。偶然机会，我看到了某本书上，把银川市郊过去因排水系统混乱，而导致洼地积水，湖沼成片，土壤盐碱严重，地面一片银白，意指为“银川”的名称由来。这种肤浅的解释，有误人子弟之嫌。不由得使我有了探寻“银川”背后故事的冲动。

我喜好古代文学，记得第一次知道“银川”这个词是因为康熙年间有个宁夏人，叫解震泰。他在《游贺兰山》中写道：连山似奔浪，黄河一带宽。城郭渺如舫，银川亦寥廓。这是对银川的自然风光的真实写照。可见在清朝康熙时期就有了银川这个地名。我查了新中国成立后国内资料对银川的地理标注是：历史名城，位于银川平原中部，西依贺兰山，东临黄河，包兰铁路终点。宋时为西夏都城，元至清历为宁夏路、卫、府治所。向有“塞上江南”之称。

其实“银川”的由来，说法一直不一，归结为以下几种：

1. 一种说法是宁夏土地碱性很重，地面常呈白色，故称“银川”。

2. 一种说法是途径此处的黄河在此的水质较好，白浪滚滚。一眼望去，似“银川”。

3. 一种说法是贺兰山和黄河的有机排序，水养赢光，使地理环境造就了肥沃土地，乃塞上江南，故称“银川”。

但还有一种说法，是在学者间比较认同的，就是地理学说。

我查证了“银川地名东来说”出自和龚在《银川地名考》一文。他从历史地理的角度论证了今天的“银川”与隋唐时期的宁夏“银川”为本源。过去宁夏也叫兴庆、中兴府，推至北周时期，此地也叫银州、银川郡等。西夏在此建都后，为了建设和祝福国运，一直以“中兴和兴庆”自称，寓意兴盛洪福。而百姓做买卖开字号，不敢抢了皇室的风头，即以原来的称谓“银川郡”为号，创建了“银川书局”“银川饭店”“银川舞台”等。《宁夏府志》中记载，乾隆时期的“银川书院”就是最好的证明。

所以我觉得，当今银川不仅仅是一个城市的名称，它是整个宁夏的泛称。表达了生于斯长于斯的人们祝愿自己的家乡风调雨顺，年年平安的美好愿望。其实，作为见证伟大祖国的突飞猛进，努力实现中国梦的宁夏人，何尝不是衷心祝福自己的国家国运昌盛呢！

3. 美国为何不过“五一”节?

每年5月1日这一天，美国既不放假，也不举行任何形式的纪念庆祝活动。如果问他们为什么不庆祝“三八国际劳动妇女节”和“六一国际儿童节”，他们的“神回复”是：美国妇女和儿童已充分享受到自身的权利。地球人都知道，1886年5月1日美国伊利诺伊州芝加哥市数万工人大罢工，最终迫使资本家实行八小时工作制。为纪念这次伟大的工人运动，1889年7月第二国际宣布将每年5月1日定为国际劳动节。

但令人不解的是，这个深深烙上美国工人阶级印记的节日在其发源地却自此“失联”，一百多年来杳如黄鹤。每年5月1日这一天，美国既不放假，也不举行任何形式的庆祝活动。

那么普通人呢？他们对这一节日更是闻所未闻，浑然不知。美国的五一节去哪儿了？美国的五一节并没有“失踪”，而是被“转移”到9月的第一个星期一，变形为妇孺皆知的“劳工节”。对于这一“乾坤大挪移”，美国官方给出的解释是：均衡节日。南北战争后，美国政府将阵亡将士纪念日确立在5月。如严格执行第二国际1889年的决定，5月就会出现两个官方节日。有人说了，这样近距离扎堆，对于视节日如生命的美国民众显然是一种浪费和变相欺骗。而7月独立日至10月哥伦布日之间存在节日空白，因此将劳工节放在9月，也算是一种调配和补偿。

实际上，“转移”另有隐情。诞生于芝加哥的五一节，虽然历史意义重大，但其过程和结果却颇为悲情。罢工游行被美国当局无情镇压。

仅在芝加哥市，就死伤200多人，全国有7名工人领袖被判死刑或无期徒刑，这在美国工人运动史上留下了黑暗和耻辱的一页。

美国政府对此讳莫如深。然而面对第二国际的明文规定，作为节日诞生地的美国又无法回避，只能寻找“高大上”的理由来替换节日。

“巧合”的是，早在1882年9月5日，纽约市工人领袖麦吉尔组织该市所有工会会员举行盛大游行，首次向资方提出每天工作8小时的要求。此后，纽约工人每年都要在9月初举行游行，其他城市的工会组织也纷纷效仿。

由于1882年9月5日是星期一，1894年美国国会遂投票把每年9月的第一个星期一定为“美国劳工节”。与第二国际的要求相比，美国实际上造了个“山寨版”劳动节。在形式与内涵上，“劳工节”与其他国家的“五一劳动节”没有本质区别，但五一节在美国却因此彻底丧失了名分。

一个多世纪过去了，美国觉得作为劳动节“原产地”这样似乎无法向历史和世人交代，于是便由芝加哥当地政府出面，轻描淡写地留下了两个纪念物。

一是1992年芝加哥市长派人在当年工人领袖们讲演的地点设置了一块小小的圆形铜牌，上书：“劳工和工厂主之间十年的斗争在这里达到顶峰，这次对抗造成了工人和警察双方死亡的悲剧。”

二是2004年芝加哥市长和工会领袖（包括警察工会的主席）

一起，揭幕了一座新的纪念碑——一座15英尺（4.6米）高的讲演者和四轮马车的红色雕塑，再现了当年工人领袖站在广场上讲演，捍卫八小时工作制的情景，体现了纪念广场群众集会和支持言论自由的双重意义。

不过，这两处纪念物普通美国人知之甚少，连当地一些导游竟也“没有印象”。至于事情的来龙去脉，更是闻所未闻，难说清其所以然。

4. 牛吃绿草，为何挤出的是白奶？

台湾“机智歌王”张帝曾经在演唱会上遇到这样刁钻的问题：为什么牛羊爱吃绿草，但挤出的奶是白色的？张帝用诙谐的语言把这个本属于科学家回答的问题，轻易化解，彰显出机智和急智。

其实动物所吃的食物颜色并不决定着从它体内排出的东西的颜色！要知道一头牛有四个胃，分别是瘤胃、网胃、重瓣胃和皱胃。这样才能确保草料中的成分被彻底分解。这就是说无论什么东西，当把它分解成分子的时候，它将不再有任何颜色。

所以真正的问题是，牛奶为什么是白色的？牛奶是由一种叫酪蛋白的高蛋白和一种复杂的矿化物（钙）及维生素组成的乳状液，这几种物质都不是白色。牛奶的白色外观来自乳浊液对光线的反射。

就牛羊而言，它们的乳汁将所有波长的光都反射了，没有吸收任何颜色的光线，因此牛奶看起来是白色的。

人类也是如此，所以不管女性吃什么，她的母乳也是白色的。

5. 世界货币为什么没有 3 元面值?

大家有没有注意到：古今中外在钱币面额上使用最多的是 1、2、5、10 这四个数字。为什么没有 3 元面额呢？这个见怪不怪的问题，恐怕多数人没琢磨过。其实，从古至今各国以 3 为单位的货币真的不多。

货币的发行有许多的考虑因素，其中一条是数学问题。学过数学的朋友都知道，在 1 ～ 10 里，有“重要数”和“非重要数”之分。所以，一个国家在确定钱币面额大小时，最高面额与其他各种面额之间是整倍数的关系是最重要的考量。

总结一下概率：1、2、5、10 就是“重要数”，这几个数能以最少的加减运算得到另外一些数，1+2=3，2+2=4，1+5=6，2+5=7，10-2=8，10-1=9。在 1 元和 2 元都已经存在的情况下，完全可以组合成 3 元、4 元等其他面值。其余的就是“非重要数”，而如果将 4 个“重要数”中的任一个数用“非重要数”代替的话，会出现什么情况？那就会出现有的数要通过两次以上加减才能得到，多了计算时间。日常使用太不方便了。

数学家统计过，从概率学的角度看：在 1 ～ 9 的各种数字排列组合中，3 的出现概率最多只有 18%，而 1、2、5 出现的总概率则为 90%。如果使用“3”面值的币种，在流通中呈现的概率约为 16.7%，也就是说，以“3”为面值的货币在实际流通中找零替代的作用并不显著，反而会因多一种面额而使制造、流通成本大大增加。

有趣的是，在新中国成立之初，真的有 3 元币于 1955 年 3 月 1 日发行了。当时中国的货币发行体系是参考苏联的模式，当时苏联的卢布就有 3 元的面额，所以这个 3 元币还有一个文雅的名字，叫“苏三币”。最后，众所周知的原因，3 元币很快就消失在金融舞台。

6. 美元为什么也叫美金呢?

目前，已有 14 个非洲国家通过决议，要用人民币和本国经济直接结算，在形式上终结了美元一家独大的局面，说明了人民币成为世界主要货币的路，又近了一步。在相当长的时间里，美元一直是硬通货，大家习惯把美元叫成美金。这是怎么回事呢?

1944 年 7 月，44 个国家在美东第一高峰华盛顿山的半山腰召开联合国和盟国货币金融会议，讨论战后国际货币安排。

这次会议确定的货币体系之所以命名为“布雷顿森林体系”，就是因为会议最终签署的协议是在布雷顿森林镇签订的。经过为期 3 周紧张的谈判，各方达成了协议。尽管协定内容错综复杂，但仍然可以用两点来概括：美元与黄金直接挂钩，35 美元兑换一盎司黄金（所以从此之后美元被称为美金）；成员国货币与美元挂钩，汇率允许小幅度浮动，短期内保持比较稳定的状态。

会议还决定成立国际金融机构：国际货币基金组织（IMF）和世界银行，分别用于控制汇率和对欧洲各国进行援助。我们很容易从以上条款中看出，布雷顿森林体系是建立在特殊的外交背景上的：依靠着二战，美国在政治和经济上的迅速走强，自其建国近 200 年以来第一次有意识地对国际联盟做出承诺，并对其承担的国际责任的政策进行调整。

在战后国际格局混乱和美国的崛起中，美元地位迅速抬升，成为世界上唯一的黄金替代品。美元也就通过汇兑的方式扩散到了世界的每个角落，这一局面至今都没有太大变化。

在经济不稳定的国家，美元仍然是硬通货。

7. 药店门口为何放一个秤?

俗话说，干什么吆喝什么！现在的社会，离不开广告。广而告之，自古有之。现在的广告公司，数以十万计。但从领导者到从业者，懂得广告内涵的不多。

大家注意到了吗？药店、医院都摆放一个秤，这就是有目的地让顾客清楚地了解自己的体重，通过肥胖的事实，从心理上有了就医行为。这种现象与现在商店的服装部和路边服装店摆镜子有异曲同工之妙。大家注意一下，是不是卖服装的店面都会摆放镜子，让顾客在试装时，看到直观效果，从而加深顾客的购买确认性。

再说一个有趣的现象现在的收银员早已不用算盘结账，科技革命带来的是计算器结账。而计算器上的“+”键上，一般都有一个硬币，有的是 5 分钱，有的是 5 角钱。这是什么意思呢？其实，它的寓意就是生意兴隆的意思，“+”键上放钱币，就是加钱的意思！这种为自己讨个好彩头的办法就是广告。现在有好多已被大众司空见惯的做法，也有着广告深意。比如看电影、吃饭、玩电玩等地方都在大型商厦的顶层，那是为什么呢？原因是这几种都是目的性消费。为了增加化妆品、珠宝楼层的人气，让这部分消费人群通过层层递进，直到顶层，拉动人气。毕竟这种人群比其他消费人群要多。

另外，一般在大厦一层都摆放珠宝金器。这种消费一般是受众小，目的性单一的。如何巧妙地吸引大众，特别是女性的购买欲？有聪明的商家在商场一层安排了“诱饵”：给孩子们配备了好多的游戏机：夹娃娃机、摇摇车等。因为大家都知道一般带孩子来的都是女性，她们善良心软，禁不起孩子的哭闹，就会花钱哄孩子高兴，而自己往往身体不动，但眼和心早已投向了不远处的服装和珠宝。这就是高级广告！

说到这，普及一个知识性的广告故事：大家都知道美容美发的门口，都一个灯筒，这是转动的灯筒广告。难道理发店门口摆设这种旋转的三色转灯是为了照明吗？来历是这样的：在法国大革命时期一位法国重要领导人躲避追捕，被理发师掩护起来，从而逃脱了追捕，革命胜利后成为高官。为感谢这名理发师的功绩，特许理发师以红白蓝三色国旗作为标志悬挂起来，以此提高理发馆的级别。这种标志渐渐被许多国家的理发馆采用，演变成现在的旋转灯筒，成为国际性的理发店标志。

8. 90% 的人溺水都是因为它!

夏秋之际，海边是玩水的首选，也是避暑的好地方。貌似风平浪静的海滩，实则险象环生。去年的美国海岸，就有8人因为一种海洋物理现象导致了死亡！它就是离岸流！这个名称不被广大群众熟知，但它却是近来发生很多海难的罪魁祸首。

离岸流，又叫裂流，是一股射线似的狭窄而强劲的水流。它的形成过程是这样的：当有强风吹向海岸时，海水形成海浪拍向海岸，于是海水不断积蓄于海岸，渐渐形成一股冲回外海的力量，这股从岸边单方向冲向外海的强劲水流就是离岸流。离岸流会在人毫无防备的情况下突然出现，而且在任何天气条件下都有可能发生。与猛烈撞击而发出巨大声响的波浪不同， 离岸流的产生悄无声息，不会引起人的注意，直到人们身陷其中才会发觉。离岸流的特点是杀人于无形。

由于离岸流是较深层的水流，所以大部分颜色比较深。而且有一些离岸流表面上看起来几乎没什么浪，同周边的白浪和浪涌相比，它们较安静，这很容易骗过游泳者。离岸流的发生通常有几种情况，除了潮流之外，主要就是沿岸破波带上的某些深度较大的区域，这些区域的波浪破碎较少，形成了水面的“低洼地带”，因此离岸流易发生在这种地方。

一旦发现离岸流后，要快速向两边游走，也就是往海岸线平行的方向游走，随着距离变远，逐步挣脱离岸流的动力。

即使被离岸流带走，远离了海岸，也要镇定、放松，随波逐流。只有放松了，才不会被呛着！这样虽然远离了海岸，但会在不远处，离岸流的力量减弱，你再向两边游，然后游回岸上。总之，我们要多学一些知识，了解了，就不慌乱了。

9. 飓风的名字为什么很美丽?

大家有没有想过每年的飓风是根据什么命名的？为什么台风、飓风等大自然的破坏能够引起人们的恐慌，但名字却很好听呢？比如：厄尔尼诺、桑迪、安德鲁、米奇、莉莉等。

从国际气象协会得知，飓风的名字是根据字母顺序来取的，不是随便起的。飓风的命名过程是有据可依的。

负责为飓风和热带风暴命名的世界气象组织（WMO）展示了他们所使用的 6 个循环列表，（也就是说 2014 年曾经使用过的名字还会出现在 2020 年）自 1953 年以来，他们一直在使用这个系统。在选择名字的时候，会选择短小精悍而且与众不同的名字加入循环列表，如果某个飓风或热带风暴破坏力特别强大，造成严重损失的话，WMO 就会让这个名字“退休”，并换一个，我想可能是因为不吉利吧，然后取一个新名字加入列表。

在名字的选择过程中，还有一些其他的规则，比如，目前只有 21 个字母在使用，所以不太常见的 Q 开头的名字就与飓风的命名无缘了。

10. 圣马力诺为何不堵车?

考察过欧洲的人们都知道，圣马力诺是欧洲最小的国家之一，但从不堵车，这是为什么呢？翻开地图，可以看到圣马力诺四周被意大利包围着，典型的国中之国。该国的中部是山峦，东北部是平原。圣马力诺非常美丽，每逢旅游旺季，街市人头攒动，车流不息。圣马力诺的国民一半以上都是做旅游生意的，应该说旅游业是该国的支柱产业。

圣马力诺的人口好像只有 3 万人，但拥有汽车约 5 万辆。而且圣马力诺国土面积极小。这样看来，交通应该是十分拥挤的，但事实并非如此，这里的交通十分通畅，极少看见堵车的现象。即使塞车了也是很快就能得到解决的。去过的人都知道，这个国家的十字路口看不到红绿灯。没有了红绿灯的管制，交通却井然有序，这令人费解吧？人们首先想到的是这个国家的人民素质高，都能自觉遵守交通规矩，才不会堵车。我说这是个原因，但不是主要原因。在这个国家开车转转，就知道答案了：这个国家的道路全是单行线或者是环形线路，只要你车里有油，你可以一直开到底！不知不觉又开回到原地。在没有信号的交叉路口，人们都自觉遵守一个规矩：小路让大路，支线让主线。而且路口都有醒目的提示：“停”。所以开车到了路口，所有车都停下来看看干线没有汽车时，再开走。

可见一个科学的公路设计加上好的交通管制，配合上国民的素质，使圣马力诺成为“虽国小但不堵车”的事实。

五、民俗篇

1. 不三不四是什么意思?

现在的人们都对一些品行不端的人形容为“不三不四”。中国人喜欢数字，爱用数字解释一些问题，这样很生动。但为什么叫“不三不四”呢？为什么不是“不五不六”呢？

这是在传统文化中的《易经》产生的。在易学里，每一个卦象都有六爻，而三和四正好在整个爻的中间位置。从卦辞中，我们可以看出，在三和四爻的卦辞都是正道，有端正、正义的意思。在其他爻辞中，都是不正，剑走偏锋的意味。于是文人就把一些不靠谱、行为不端等行径称为不三不四，意思是没有大德行。

特别是到了明末清初，由于小说的普及，使更多的人了解了这个文学现象。比如《儒林外史》中，就有范进被胡屠夫说“不三不四，就想吃天鹅肉”的讽刺。可见，不三不四已经成了贬义词，早就没有了《易经》的正确解读了。

2.“拜天地”的婚礼仪式是怎么回事？

古人结婚，最重要的仪式是拜堂成亲。届时，新娘头蒙红盖头，新郎以红绸牵着新娘走上红地毯，然后司仪高喊“一拜天地，二拜高堂，夫妻对拜，送入洞房……”古人为什么要先拜天地呢？

在中国的传统婚俗中，拜天地，拜高堂，夫妻对拜统称是拜堂，有时也称为“拜天地”。而夫妻只有行过这一礼节，才算成为合法夫妻。“拜天地”相传始于唐代，源自一个民间神话传说。

女娲造人之初，她只造了一个男人，天地万物都归他用。这个人物质生活虽然丰足，但精神生活却很空虚，整天一个人形影相吊，有点寂寞难耐。所以这个男人每晚对着月亮，抱怨生活的单调。

一个月圆之夜，这个男人又开始喋喋不休。月老看到忍不住了，他请求女娲再造一个人，与男人相伴。女娲于是又造了一个女人。

就在男人叹气之时，白胡子月老带着这个女人出现在他面前，并为他们主持了这场婚礼。在仪式上，一对新人真诚地谢过月老，月老对这对新人说：“还要谢女娲啊。”女娲没有在场，于是新人就跪地拜天，以此表示对女娲的谢意。

从这以后，凡是新婚的新人都拜天与地，就有了“拜天地”。

这个始于唐代的仪式，在宋朝时风靡全国，成为之后婚礼上最重要的仪式。

3. 名字的由来

名字是人与人之间的特定称呼，现在国人的名字大多数比较简单，也就是姓和名的组合。“姓” 是沿袭自祖辈；它代表了血缘的一脉相承。名则涵盖了长辈对晚辈的期望。

在古代，“名”和“字”是分开的。“名”是指一个人在社会上所用的符号，带有鲜明的个人烙印。“字”是“名”的有效延伸，是必要的补充和解释，是与“名”相辅相成的，表里如一的，所以也叫“表字”。

在古代，只有成年的人才能有“字”。在《礼记·檀弓上》说“幼名，冠字。”这里的“冠”是说成年人的成人礼。男孩子长到 20 岁了，举办结发加冠的成人礼后，就要取字了。当然这里面也有大家开始尊重这个人的意思，特别是要有所避讳了，说白了是要尊重人。而女孩子是在 15 岁时，举行“及笄”后，也要取字。

古人的字是名的衍生。在《白虎通·姓名》中云：或傍其名而为之字者，闻名即知其字，闻字即知其名。可见，古人的“名”和“字”在意义上大体是相近的，或者有关联的。举个例子：屈原，名平，字原。又比如：诸葛亮，字孔明。当然也有一小部分情况是名和字的意义正相反。例如：曾点，字皙。《说文解字》中说，点就是“小黑”的意思。而“皙”是白的意思。南宋的理学家朱熹，字元晦，这里的“熹”和“晦”就是反义词。

更有极小部分的人起的名和字是风马牛不相及，甚至是不知所云的。如张耒，字文潜。相信很多人不知道这里面的关联在哪里，就连词人陆游在《老学庵笔记》中也有这样的感叹。

4. “姓”与“氏”不是一回事

古人的名字极为复杂，是由姓、氏、名、字、号五个部分组成的。所以，姓与氏在很久以前是分开的。具体来讲，姓产生在前，氏产生在后。“姓”的本源是指女人生的子女，它代表了一种血缘关系，可能是受母系社会的影响吧。在母系社会时期，同一个母亲生的子女都是一个姓，是一个家族的血缘延续。随着同一个祖先的子孙繁衍增多，到了后面的伏羲社会的时候，一个家族往往会分成很多支派。为了有所区分，各个支派的子孙除了保留姓以外，另外为自己取了一个称号，这就是“氏”的来历。氏族社会时期实行族外通婚，同一个氏族的人不能结婚。这样姓就有了区别“近亲”结婚的功能。

姓产生后，世世代代，一般是不会再更改了。而氏存在父子两代不同氏的状况。另外，不同的姓之间可能会以同样的氏命名。

到了有阶级的时期，贵族除了有姓以外，还经常以国名和官位为氏。这时候的“氏”也就成了贵贱的标志，只有贵族的后代才能有氏，而奴隶和平民是没有氏的。

到了春秋战国时代，百家争鸣。宗法制度逐渐瓦解，姓氏制度也发生了根本变革。这时候的氏也开始转变成了姓。随着社会的进步，平民也有姓了，“百姓”产生了，这就是民众的统称。秦朝统一后，姓与氏合一，逐渐成了姓氏。

5. 什么叫“丈夫”

在远古时代，男女在一起时，往往是女人处于劣势，就是被抢婚。这样，问题就来了，有不少女人没有和心爱的人在一起，反而与仇视的人或者没感情的人走到了一起。为了防止这样的悲剧发生，当时的人们就想到了一个方法：把一对初步有好感的男女关在一起，磨合一段时间，以培养夫妻感情。在此期间，男子要承担家务及保护她不被其他男人抢走。因此规定，男子无论手头在做什么，都必须与女子保持最多不能超过“一丈”远的距离，以便随时保护她，这是“丈夫”一词的一种说法。

但我不认可这类说辞，另外的一种说法比较可靠。

过去有些部落，确实有抢婚的习俗。女子怕被欺负，选择夫婿时，主要看这个男子身高，一般以身高一丈为基本标准。当时的一丈约等于 10 尺。我查证了一些资料，商代以前一尺为 16.95 厘米，一丈基本相当于现在的一米七。有了身高一丈的夫婿，才可以抵御强人的抢婚。所以女子都称她所嫁的男人为“丈夫”。

以上的故事我觉得靠谱，否则现在的女人怎么喜欢身高 180 厘米以上的男生呢？

6. 媒人有几种称谓?

西方的情人节刚过，作为国人，也应该对本土的“情人节”有所了解。过去，婚姻大事是需要媒人的，不像现在的男女都是自主恋爱。那么过去的媒人有何称呼呢?

我搜集了一些，以飨读者。

伐柯，这个雅称来自《诗经·豳风·伐柯》：“伐柯如何？匪斧不克，娶妻如何？匪媒不得。”意思是说砍伐树枝没有斧头不可能；怎样娶妻子呢？没有媒人是不行的。

《中庸》也有“执柯以伐柯”之说，后来人们便称媒人为“伐柯”或“伐柯人”。

保山，《红楼梦》第119回：“他说二爷不在家，大太太做得主的，况且还有舅舅做保山。”当时人们称媒人为“保山”，指像山一样稳固可靠的保证人。

冰人，这个名称来自《晋书·索统传》中的一个故事，晋时有个叫索统的人，善于解梦，预卜吉凶祸福。有一次有一个叫令狐策的人做了一个梦，梦见自己站在冰上，和冰下一个人说话。不知是何征兆，就要索统为他解梦。索统分析了一下梦境的情节，即对他说：“冰上为阳，冰下为阴，阴阳事也。士如归妻，迨冰未泮，婚姻事也。君在冰上，与冰下人语，为阳语阴，媒介事也。君当为人做媒，冰泮而婚成。”后来令狐策果然给一个太守的儿子做媒，又碰巧把婚事说成了。所以，“冰人”即成为“媒人”的代称。

媒妁。媒，谓谋合二姓；妁，谓斟酌二姓。《孟子滕文公》云：“不待父母之命，媒妁之言，钻穴隙相窥，逾墙相从，则父母、国人皆贱之。”

月老，唐小说记载，唐代人韦固夜经宋城，遇一老人倚囊而坐，向月检书。固问所检何书。答曰：天下之婚牍。又问囊中赤绳何用，答曰：以系夫妻之足。传说这位老人是主管婚姻之神，故以“月老”作为媒人的别称。

红娘，红娘本是唐元稹《莺莺传》中的主人公崔莺莺的侍女。《莺莺传》写张生与崔莺莺相爱，经崔的侍女红娘从中设谋撮合，使这对有情人终成眷属，元代王实甫据此改编为《西厢记》杂剧。此后，“红娘”便成了媒人的别称。

红叶，这个别称来自一个爱情故事。唐僖宗时，有个叫韩翠萍的宫女渴望得到人间之爱，便冒着生命危险在红叶上题诗，让红叶随着御河的水漂到宫外。有一个书生在偶然中拾得题诗的红叶，为其中的幽情所感动，也题诗于红叶之上，借流水传到宫中，韩翠萍常偷空到御河边，因此也得到了题诗红叶。后来天作良缘，后宫放宫女3000人，两个有情人终于在民间相见，结为伉俪。韩翠萍感慨万端，又题诗一首道：“一联佳句随流水，十载幽情满素怀。今日却成鸾凤友，方知红叶是良媒。”此后，人们便把媒人又称为红叶。

7.“老公”一词在中国古代的真实含义

关于“老公”一词的起源有一个故事。

唐朝时，一位名叫麦爱新的读书人，在考中功名后，觉得自己的妻子年老色衰，便喜新厌旧有了再纳新欢的想法。于是，写了一副上联放在案头：“荷败莲残，落叶归根成老藕。”恰巧，被他妻子看到。妻子从联意中觉察到丈夫有了弃老纳新的念头，便提笔续写了下联：“禾黄稻熟，吹糠见米现新粮。”以“禾稻”对“荷莲”，以“新粮”对“老藕”，不仅对得十分工整贴切，新颖通俗，而且，“新粮”与“新娘”谐音，饶有风趣。

麦爱新读了妻子的下联，被妻子的才思敏捷和拳拳爱心所打动，便放弃了弃旧纳新的念头。妻子见丈夫回心转意，不忘旧情，乃挥笔写道：“老公十分公道。”麦爱新也挥笔续写了下联：“老婆一片婆心。”此后，夫妻间便有了“老公”与“老婆”的称呼。

很多学者认为麦爱新的故事不足取信，是后人杜撰的。这个妻子因为什么称丈夫为“老公”呢？她怎么一下发明了这个词汇而又得以流传呢？

其实“老公”一词在中国古代的真实含义是太监。

为什么太监被称为“老公”？因为从古到今，国人喜欢在一些词前面加个“老”字。师者被叫作老师；现在人们把公司经理称为老总；也有老爸老妈的称呼；黑社会头目被叫老大。那么把公公称为“老公”也是能说得过去的。

再者，史书也有记载。

明末清初谈迁所著《枣林杂俎》中，有李自成进北京“打老公”一说。明清之时广泛地以“老公”称呼宫中的太监。有一种说法是太监们渴望有家庭生活，由于生理缺陷和现实制约，就出现太监与宫女组成的“对食”家庭。因为太监仗势欺人，万历年间出现“矿监税使”欺压百姓，造成了人民反抗。常常有“打老公”的事发生。

民国废除太监之后，西化的香港首先喊起了丈夫为老公，赶时髦的女青年便效仿。20 世纪 90 年代，广州出现了“老公”热潮，并迅速蔓延至全国。

8.“十羊九不全”是怎么来的?

在晚清后，不断有一些言语出现:“女属羊，命不长”“女子属羊，家破人亡”“男人属羊亮堂堂，女人属羊泪汪汪”“男属羊，出门不用带口粮。女属羊，家里没有隔夜粮”等。这些禁忌造成很多百姓的婚姻有了禁区，在羊年出生的人口明显少于其他年份。大家都知道，属羊的命不好的说法是在晚清慈禧当政时的言论，回过头来看，是广大人民群众对当时社会强烈不满的情绪，是对腐败的晚清政府的讽刺。

在浩瀚的中国文化中，羊是美好的象征。自古就带有吉利的寓意。“祥和”的“祥”就是从羊字演变来的。西汉的董仲舒写道:“羊，祥也。吉理用之。”出自《周易》的“三阳开泰”也常被人写成“三羊开泰”。充分说明人们用羊的谐音来解释阳气上升的美好寓意。所以说羊在人们心目中是美好的象征。“美”字就是由羊和大组成。在考古中发现，不少的铜器上都用吉羊代替吉祥。广州的别名是五羊城，更是说明羊的神圣。

“十羊九不全”的真正写法是“十羊九福全”，象征着羊年的人是美满幸福的。由于我国是农业大国，是农牧占主导的国家，历史很长，农民的文化普遍不高，很多言语都是口口相传，更有地域的语言差异，慢慢变成了“十羊九弗全”。弗，不也。就这样，到了晚清时，成了众多人口中的长谈。由于慈禧属羊，百姓们有了对政权的反感，用此俗语来反映对社会的不满。

其实，属羊的人普遍具有人情味。他们大多亲切、善良，脾气温顺。历史上好多人都是属羊的，他们都有过人成就，充分解释了“十羊九不全”是靠不住的。

我是研究民俗和易学的，所以可以负责任地说，属羊只是属相的标志，与人的命运没有必然联系。属相扯上了宿命论，就是伪科学。

9. 为什么会有夫妻相?

现实生活中，在一起生活多年的夫妻，很多人在外貌、表情、形体，甚至许多爱好上都有非常相像的地方。单从面相上来看，就有着惊人的相似，这被称为夫妻相。

夫妻相在世界各地存在，美国媒体每年都会评选“最佳夫妻相伴侣”。他们发现，夫妻的外貌随着时间的延长会越来越相似。英国有一个专门的夫妻相交友网站，帮未婚男女找到跟自己长相相似的人做伴侣。俄罗斯一项调查显示，有夫妻相的伴侣，往往婚姻生活更加幸福。

人为什么会有夫妻相？科学家们给出了很多种解释，近日，英国科学家将这些研究进行了分析， 总结出几条最有说服力的原因。

一是双方长年生活在一起，有相同的饮食结构、作息时间，身材容易趋向统一。

二是夫妻往往有相同的情绪，因此面部皱纹容易一致，加上年老后，人的很多鲜明的外貌特征会消失，如皮下肌肉、头发等，外貌更多显示出骨骼特征。

三是在一开始选择配偶的时候，人们就倾向选择体貌特征与自己相似的异性。

四是在心理学上，有一个效应叫“变色龙效应”，是指我们很容易去模仿别人，越是亲密的人，我们越容易模仿，夫妻间相互模仿，动作神情以及气质也会越来越相似。

10. 九个你不懂的俗语

1. 嫁鸡随鸡，嫁狗随狗：原为“嫁乞随乞，嫁叟随叟”，意思是一个女人即使嫁给乞丐或者是年龄大的人，也要随其生活一辈子。随着时代的变迁，这一俗语转音成“鸡、狗”了。

2. 三个臭皮匠，顶个诸葛亮：“皮匠”实际上是“裨将”的谐音，“裨将”在古代是指“副将”，原意是指三个副将的智慧合起来能顶一个诸葛亮。流传中，人们将“裨将”说成了“皮匠”。

3. 有眼不识金镶玉：原是“有眼不识荆山玉”。荆，指古代楚国；“荆山玉”是玉匠在荆山发现的玉。

4. 不到黄河心不死：原是“不到乌江心不死”。乌江，项羽自刎的地方。乌江讹变成黄河，真是让人无从解释了。

5. 舍不得孩子套不住狼：原是“舍不得鞋子套不住狼”，意思是要打到狼，就要不怕跑路，不怕费鞋。因为四川方言管“鞋子”叫“孩子”。如果真的拿活生生的孩子去套狼，也太恐怖啦！　但我也听说有这样一个说法：狼是聪明的动物，在生产时，会把洞口弄得很小，以防大型动物进来。人们想抓小狼时，只能找身材瘦小的孩子钻洞抓出小狼。这样也有一定的风险，但不舍得小孩，就抓不出小狼。

6. 狗屁不通：这个成语原是“狗皮不通”。狗的表皮没有汗腺，酷夏时，狗要借助舌头来散发体内的燥热，“狗皮不通”就是指狗的身体这个特点。“屁”是污浊的象征，对于文理不通的东西，以屁来喻，也将就吧！

7. 无毒不丈夫：原句是“量小非君子，无度不丈夫”。而“无毒不丈夫”与古人崇尚的价值观念大大背离了，大丈夫，自然是那些坦坦荡荡、胸怀宽广的男人，要有度量，才可称为男人。

8. 刑不上大夫，礼不下庶人：原句是“刑不尊大夫，礼不卑庶人”。由于我们对“上”“下”的认识不全，常将它们误解。其实“上”“下”还有尊卑之意，原意应为不会因为大夫之尊，就可以免除刑罚；也不会因为是平民，就将他们排除在文明社会之外。

9. 无奸不商：原是“无尖不商”，是说古时候开粮行、卖谷米是用升或斗量的，商人卖谷米时每次都把升和斗堆得尖尖的，尽量让利，以博得回头客，所以叫无尖不商。如果是“奸”，那世上做生意的，没一个好人了。

11. 被歪曲的两句话

“人不为己，天诛地灭”被现在人理解成：人活着如果不为自己着想，老天爷都会杀了他。其实，“人不为己，天诛地灭”中的“为”是修炼的意思。而“天诛地灭”是并列结构，意思是：天地诛灭，连在一起的翻译是“人不修炼自己的德行，天理难容”。

还有一个被广大人民群众误传的是“女子无才便是德”。这句“女子无才便是德”总是让人以为这句话是大男人用来贬损女性的！然而事实非但不是这样，而且完全相反！

《隋唐演义》第三十七回：人亦有言，男子有德便是才，女子无才便是德。恐怕这是误解的源泉。第一句：“男子有德便是才”这话是希望一个有为的男人，要以德行为主，以才干为辅的意思。总之，这句话是告诫每个男子要以德行为主的意思，而非叫男人不要重视才干。而下句“女子无才便是德”依然是劝女子要以德行为主的意思，而非贬辱女人不能有才干。这个误会是因为错解了“无才”的“无”字。这个“无”字是动词，是“本有而无之”的意思，也就是“本来有才，但心里却自视若无”的意思。就像“无物”，不是世上真的没有万物，而是在万物的围绕中，内心不起一点贪恋的意思；“无我”不是真的没有我，而是我对于一切得失无挂于心的意思；“无念”也不是真的没有念头，而是没有妄念，在念头中依然自在的意思。

所以“无才”不是真的没有才干，而是“我虽然很有才干，但一点也不自炫其才，依然自视若无”的意思。这句话明明是在褒奖我中华民族的女子，有如此高尚的德行！哪里有歧视女人的意思呢！

本来是赞赏那些有才的女子能自视若无，不自炫其才的高超德行，而非贬抑女子！是我们才疏学浅，误会了老祖宗的苦心，我们应该要对老祖宗沉痛地忏悔，多学学国学，少晒一点聚会照片。多一点脚踏实地，少一点肤浅，并且要对国学的深奥致敬！

12.“施舍”是送人家东西吗?

有一个故事：一个村里出现了一个貌似智力有障碍的人，他每天能得到一些人的施舍。但也有一些人是拿他取乐，那些取笑他的人，经常是两手都放钱，不同的是一手是一元钱，一手是五元钱。但此人总是拿一元钱，而面对五元钱丝毫不感兴趣。这个现象引起了村里一个智者的注意，于是智者找到此人问：“你能告诉我，你为何只拿一元钱，而不拿五元钱的原因吗？”此人答道：“我知道他们是在逗我，看看我有多傻。而我只取一元钱，他们就会老逗我，老给我送钱，我一旦拿了五元钱，他们也就不再来了！”

智者？傻者？分明！

在传统的表述中，“施”的本意是予，侧重将事或物推行，给予别人。它包括物质层面和精神层面的两层意思，如《论语·颜渊》篇“己所不欲勿施于人”中的“施”就是施加，推行的意思，《汉书·苏建传》“武所得赏赐，尽以施予昆弟故人，家无余财”中的“施”是把东西给别人的意思。“舍”的本意是免。不像现在我们理解的：不要，赠予或谦卑。过去的“舍”侧重是放弃自己应得的利益和权利。像我们常说的：舍生取义，舍己救人，舍近求远等都是放弃、舍弃的意思。“施”和“舍”的意思接近是逐渐形成的，最早形成在汉代，表示把东西给贫民和僧侣。

所以我们现在人应该修炼自己的同时，进行大爱的施舍，而不是沽名钓誉，也不是求平安，求好报。

你心清净，没有吝惜，就会主动布施。

锦上添花的布施，布施成就！雪中送炭的布施才是功德！